LECTURES

MORALES ET LITTÉRAIRES

[illegible]

LECTURES

MORALES ET LITTÉRAIRES

A L'USAGE DE

L'ENSEIGNEMENT PRIMAIRE ÉLÉMENTAIRE

ET DE

L'ENSEIGNEMENT PRIMAIRE SUPÉRIEUR

AVEC DES NOTICES ET DES NOTES

PAR

Louis LIARD

AGRÉGÉ DE PHILOSOPHIE, DOCTEUR ÈS LETTRES, RECTEUR
DE L'ACADÉMIE DE CAEN

PARIS

LIBRAIRIE CLASSIQUE EUGÈNE BELIN

Vᵉ EUGÈNE BELIN ET FILS

RUE DE VAUGIRARD, N° 52

—

1882

SAINT-CLOUD. — IMPRIMERIE Vᵉ EUG. BELIN ET FILS.

AVANT-PROPOS

Les tables placées à la fin de ce recueil montrent ce qu'on a voulu y mettre et ce qu'on en peut tirer.

Dans l'une, les matières sont disposées en vue de l'enseignement de la morale ; dans les autres, en vue de l'enseignement de l'histoire littéraire.

La morale est maintenant inscrite aux programmes de l'enseignement primaire. Les autres parties de l'enseignement, et, au premier rang, les exercices de lecture et de récitation, doivent être désormais tributaires de cette partie maîtresse. On s'est inspiré de cette idée en composant ce petit livre. C'est un recueil de morceaux empruntés aux meilleurs écrivains. Mais chacun de ces morceaux n'est pas destiné seulement à orner la mémoire de l'enfant et à former son esprit; il doit lui apprendre en même temps quelque chose de ses devoirs, et lui inspirer quelqu'une de ces idées, quelqu'un de ces sentiments éternels dont vivent l'humanité et les nations. Les grands écrivains sont aussi les meilleurs maîtres de morale et de patriotisme, ceux dont la leçon saisit le mieux les âmes. — On n'a pas craint de recourir, en dehors des écrivains de langue française, aux plus grands auteurs de l'antiquité. S'il est certains noms que doit connaître tout homme qui sait lire, il est bon surtout de rendre sensible aux enfants, par quelques exemples de choix, cette continuité des idées morales qui n'exclut pas le progrès.

Tout en poursuivant le but qui vient d'être indiqué, on a cru possible d'en atteindre un autre encore. Les morceaux de ce recueil ont été classés suivant l'ordre chronologique ; ils sont précédés chacun d'une notice brève et simple sur la biographie, les œuvres et le genre littéraire de l'auteur ; de la sorte, ce petit cours de morale, professé par les grands écrivains, est en même temps une histoire abrégée de la littérature de notre race.

Louis LIARD.

LECTURES

MORALES ET LITTÉRAIRES

LITTÉRATURE GRECQUE

HOMÈRE

La littérature est née en Grèce, comme les arts, la philosophie et les sciences. Elle se manifesta d'abord, dans les
temps les plus reculés, par des chants d'un caractère religieux,

Homère.

exprimant avec simplicité les sentiments de l'âme en présence
de la nature que l'homme croyait alors peuplée de dieux et de
déesses. Peu à peu, lorsque des classes guerrières se furent

formées dans la société auparavant composée de laboureurs et de pasteurs, la poésie chanta les exploits des princes et des nobles, et des dieux dont princes et nobles se disaient descendus. Ce furent les premières poésies épiques. Homère est le plus grand des poètes épiques. Il composa (900 ans environ avant J.-C.) deux poèmes dans lesquels il a groupé avec un art inimitable, autour de deux héros, Achille et Ulysse, l'histoire et la légende des temps héroïques de la Grèce[1]. Ces poèmes sont l'*Iliade* et l'*Odyssée*. L'Iliade a pour objet la *colère d'Achille*, un des chefs grecs qui étaient venus assiéger Troie, en Asie-Mineure, pour venger une injure faite à l'un d'eux. Dans ce cadre en apparence restreint, tient le récit presque entier de la guerre de Troie, et le tableau de la civilisation à cette époque. L'Odyssée raconte les voyages et les aventures d'Ulysse, roi d'Ithaque, depuis son départ de Troie, après la prise de cette ville, jusqu'à son retour dans sa patrie.

Les poèmes d'Homère étaient récités par des chanteurs dans les fêtes publiques de la Grèce; ils avaient un caractère national.

L'Amour paternel.

PRIAM AUX PIEDS D'ACHILLE.

Priam[2] sauta du char sur la terre, et il entra dans la tente où Achille[3] cher à Jupiter[4] était assis. Ses compagnons étaient assis à l'écart. Le grand Priam entra sans être vu d'eux, et, s'approchant, il entoura de ses bras les genoux d'Achille, et il baisa les mains terribles et meurtrières qui lui avaient tué tant de fils.

Quand un homme a encouru une grande peine, ayant tué quelqu'un dans sa patrie, et quand, exilé chez un

1. Les temps où les héros, princes et nobles, dominaient; les républiques de la Grèce n'étaient pas encore nées.

2. Roi de Troie, père d'Hector.

3. Un des chefs grecs qui assiégèrent Troie; il s'était vengé de la mort de son ami Patrocle en tuant Hector.

4. Le père des Dieux.

peuple étranger, il entre dans une riche demeure, tous ceux qui le voient restent stupéfaits. Ainsi Achille fut troublé en voyant le divin Priam, et les autres, pleins d'étonnement, se regardaient entre eux. Et Priam dit ces paroles suppliantes : « Souviens-toi de ton père[1], ô Achille égal aux dieux ! Il est du même âge et sur le seuil fatal de la vieillesse. Ses voisins l'oppriment peut-être en ton absence, et il n'a personne qui écarte loin de lui l'outrage et le malheur ; mais, au moins, il sait que tu es vivant, et il s'en réjouit dans son cœur, et il espère tous les jours qu'il verra son fils bien-aimé de retour d'Ilion[2]. Mais, moi, malheureux ! qui ai engendré des fils irréprochables, dans la grande Troie, je ne sais s'il m'en reste un seul. J'en avais cinquante quand les Grecs arrivèrent. Dix-neuf étaient sortis du même sein[3], et plusieurs femmes avaient enfanté les autres dans mes demeures. L'impétueux Mars[4] a rompu les genoux[5] du plus grand nombre. Un seul défendait ma ville et mes peuples, Hector, que tu viens de tuer tandis qu'il combattait pour sa patrie. Et c'est pour lui que je viens aux vaisseaux des Grecs ; et je t'apporte, afin de le racheter, des présents infinis. Respecte les dieux, Achille, et, te souvenant de ton père, aie pitié de moi qui suis plus malheureux que lui, car j'ai pu, ce qu'un homme n'a encore fait sur la terre, approcher de ma bouche les mains de celui qui a tué mes enfants ! »

Il parla ainsi, et il remplit Achille du regret de son père. Et le fils de Pelée[6], prenant le vieillard par la main, le repoussa doucement. Et ils se souvenaient tous deux ; et Priam, prosterné aux pieds d'Achille, pleurait de toutes ses larmes Hector, et Achille pleurait son père et Patrocle, et leurs gémissements retentissaient sous la tente. Puis le divin Achille, s'étant rassasié de larmes, sentit sa douleur s'apaiser dans sa poitrine ; il se leva de son siège, et plein

1. Pelée, roi des Myrmidons, en Thessalie.
2. Nom de Troie.
3. Dix-neuf étaient les fils d'Hécube, épouse de Priam.
4. Le dieu de la guerre.
5. Les a tués.
6. Achille.

de pitié pour cette tête et cette barbe blanche, il releva le vieillard de sa main.   *Iliade*, chant XXIV [1].

SOPHOCLE

La poésie dramatique occupe une grande place dans l'histoire de la littérature grecque. Un drame est une action qui semble se passer sous les yeux du spectateur ; cette action est jouée sur un théâtre par des acteurs. Les Grecs ont inventé les deux genres de la poésie dramatique, la *tragédie* et la *comédie*.

Le mot *tragédie* veut dire *chant du bouc*. A l'origine, la tragédie était un simple chœur, qu'on chantait aux fêtes de Bacchus, divinité à laquelle le bouc était consacré. Thespis (536 av. J.-C.) imagina le premier de faire parler et agir un personnage entre les divers morceaux du chœur ; à ce personnage, on en joignit bientôt un second, puis un troisième, et la tragédie fut constituée, telle que nous la trouvons dans les œuvres des trois grands tragiques grecs, Eschyle (525-456), Sophocle (496-405) et Euripide (480-406).

Les actions mises en scène par les tragiques grecs sont empruntées aux légendes nationales. La tragédie avait donc un caractère patriotique ; en même temps elle avait conservé le caractère religieux de ses origines. C'est aux fêtes de Bacchus que les poètes tragiques présentaient leurs œuvres au concours. La représentation du poème couronné était une fête publique, célébrée avec une grande pompe.

La *comédie* est la représentation sur le théâtre d'une action où se montrent les faiblesses, les travers, les ridicules ou les vices de l'espèce humaine ; alors que la tragédie est grave et souvent terrible, la comédie est légère et plaisante. C'est aussi dans les cérémonies joyeuses de Bacchus, dieu des vendanges, que la comédie prit naissance. Le plus célèbre des poètes comiques grecs est Aristophane (né à Athènes, vers 452 av. J.-C.). Il n'hésita pas à représenter sur la scène, et à tourner en ridicule quelques-uns de ses contemporains, entre autres Socrate.

1. Cette traduction est de Leconte de Lisle, poète contemporain. Nous y avons changé quelques mots.

La loi naturelle.

ANTIGONE, ISMÈNE [1].

ISMÈNE.

Qu'y a-t-il? Tu sembles méditer quelque chose.

ANTIGONE.

Créon [2] n'a-t-il pas accordé à l'un de nos frères les honneurs du tombeau? N'en a-t-il pas honteusement privé l'autre? Il a, dit-on, enseveli Étéocle dans la terre, ainsi qu'il était juste, et lui a assuré une place aux enfers parmi les morts [3], mais l'infortuné Polynice, il défend aux citoyens de donner la sépulture à son cadavre, et de le pleurer; il veut qu'il reste privé de larmes, privé de tombeau, livré en pâture aux oiseaux de proie. Tels sont les ordres que l'excellent Créon te signifie, à toi et à moi, oui, à moi-même; il va venir, dit-on, en ces lieux pour les annoncer à ceux qui les ignorent; et ce n'est pas pour lui chose de peu d'importance, mais il menace quiconque les violera d'être lapidé par le peuple. Voilà ce que tu devais savoir. Bientôt tu montreras si tu as un cœur noble, ou si tu démens la noblesse de tes parents.

ISMÈNE.

Mais, malheureuse! S'il en est ainsi, à quoi puis-je servir?

ANTIGONE.

Vois si tu es prête à m'aider et à seconder mes efforts.

ISMÈNE.

Quel danger veux-tu courir? Quelle est ta pensée?

ANTIGONE.

Veux-tu enlever le cadavre avec moi?

ISMÈNE.

Tu songes donc à l'ensevelir, malgré la défense publique?

1. Filles d'OEdipe, roi de Thèbes, sœurs d'Etéocle et de Polynice, qui se tuèrent mutuellement, en se disputant le trône de leur père.

2. Oncle d'Antigone et d'Ismène, s'était emparé du trône après la mort d'Etéocle et de Polynice.

3. D'après les croyances antiques, les morts qui n'avaient pas reçu la sépulture, erraient dans les enfers.

ANTIGONE.

Oui, j'ensevelirai mon frère, qui est aussi le tien, que tu le veuilles ou non ; jamais on ne m'accusera d'avoir trahi mon devoir.

ISMÈNE.

Quoi, malheureuse ! malgré les ordres de Créon !

ANTIGONE.

Il n'a pas le droit de m'éloigner des miens.

Antigone réalise son pieux et courageux dessein ; elle est saisie, et amenée par les gardes devant Créon.

CRÉON.

Toi, oui, toi, qui baisses les yeux vers la terre, parle ; avoues-tu ou nies-tu ce dont on t'accuse ?

ANTIGONE.

Oui ; j'avoue l'avoir fait, et ne le nie pas.

CRÉON.

Connaissais-tu la défense que j'avais fait proclamer ?

ANTIGONE.

Je la connaissais ; comment ne l'aurais-je pas connue ? Elle était publique.

CRÉON.

Et pourtant tu as osé enfreindre mes ordres.

ANTIGONE.

Ce n'est, en effet, ni Jupiter [1] qui me les avait donnés, ni la Justice qui habite avec les divinités infernales [2]. Je ne pensais pas que tes ordres, ceux d'un mortel, eussent assez de force pour l'emporter sur les lois non écrites et immuables des dieux. Ces lois, elles ne sont pas d'aujourd'hui ni d'hier ; toujours vivantes, nul ne sait quand elles ont paru. Je ne devais pas, les oubliant par crainte des menaces d'un homme, encourir la vengeance des dieux. Je savais qu'il me faudrait mourir. Ne le devais-je pas, même sans ton décret. Si je meure avant l'heure, c'est une grâce pour moi. Pour quiconque a vécu comme moi,

1. Le Dieu suprême, le père des dieux et des hommes.

2. La justice est toujours réalisée après la mort, dans les enfers.

au milieu des malheurs[1], la mort ne peut être qu'un bienfait. Mon sort n'a rien pour moi de douloureux ; mais si j'avais laissé le fils de ma mère sans sépulture, c'est alors que je serais malheureuse. *Antigone.*

HÉRODOTE

L'histoire est le récit des événements qui intéressent les peuples et les sociétés. La Grèce eut des poètes bien avant d'avoir des historiens. C'est seulement au cinquième siècle avant J.-C., qu'Hérodote écrivit les neuf livres de ses *Histoires*. Né à Halicarnasse (Asie-Mineure), en 484, Hérodote entreprit de lointains voyages par amour de la science; il visita l'Égypte, la Libye, la Phénicie, la Perse, et il rattacha l'histoire des peuples de ces régions, la description de leurs coutumes et de leurs mœurs, au récit de la guerre des Perses et des Grecs. Conteur aimable, abondant, un peu crédule, Hérodote ne voit pas simplement dans les faits qu'il raconte des événements humains, il s'efforce d'y montrer une action divine persistante, une sorte de destin juste, qui assigne à chaque événement une place déterminée dans l'ordre universel. Son œuvre est ainsi plus religieuse que scientifique.

Le vrai bonheur et les richesses.

Solon[2], après être allé en Égypte, auprès du Roi Amasis, vint à Sardes, auprès de Crésus[3], qui le reçut honorablement dans son palais. Trois ou quatre jours après son arrivée, Crésus commanda à ses gens de le mener voir ses grands et riches trésors. Solon les ayant vus et considérés

---

1. Le père d'Antigone, OEdipe, avait tué son propre père Laïus: il était devenu, à son insu, l'époux de sa propre mère, Jocaste; pour se punir de ces crimes involontaires, il s'était crevé les yeux. Ses deux fils, Étéocle et Polynice s'étaient tués mutuellement.

2. Un des sept sages de la Grèce, donna une législation aux Athéniens.

3. Crésus, célèbre dans l'antiquité par ses richesses, était roi de Lydie.

tout à loisir, Crésus s'adressa à lui et lui dit : « Eh bien ! mon hôte[1] athénien, j'ai beaucoup entendu parler de vous, tant à cause de votre sagesse qu'à cause des voyages que vous entreprenez pour vous instruire. Aussi ai-je grande envie de vous demander si de tous les hommes que vous avez jamais vus, vous en avez connu quelqu'un de plus heureux que moi. » Crésus lui faisait cette demande pensant être le plus heureux du monde. Solon, qui ne savait pas flatter, lui répondit : « J'ai vu Tellus, citoyen d'Athènes, plus heureux que vous. » Crésus, étonné de cette réponse, insista en disant : « Dites-moi, je vous prie, pourquoi vous le jugez l'homme le plus heureux que vous ayez vu ? » Solon lui répondit : « Tellus a vécu dans une cité bien régie et policée ; il a eu des enfants beaux et honnêtes qui ont eu aussi des enfants demeurés vivants ; de plus, après avoir bien cheminé dans cette vie, autant que cela dépend de nous, il a eu une belle et glorieuse fin ; comme les Athéniens livraient bataille à certains de leurs voisins près d'Éleusis, il combattit vaillamment, et mourut au lit d'honneur, après avoir fait tourner le dos aux ennemis. Pour cela les Athéniens le firent ensevelir à frais publics, au lieu même où il était tombé, et l'honorèrent grandement. »

Histoires, livre Ier.

———

PLATON

On appelle philosophie toute tentative faite par la raison humaine pour expliquer l'existence de l'univers. Les Grecs eurent des philosophies dès une époque assez reculée. Les premiers philosophes grecs furent aussi les premiers savants ; ainsi Thalès et Pythagore, qui furent des philosophes célèbres, étaient des mathématiciens distingués. Ces premiers philosophes s'occupaient exclusivement de la nature matérielle, et négligeaient l'homme moral. Socrate (469-400) apprit à l'homme à se connaître lui-même. C'était le

---

1. Celui qui reçoit l'hospitalité.

plus sage des hommes de son temps, et peut-être de tous les temps. Sa vertu ne le protégea pas contre le fanatisme. Accusé faussement de corrompre la jeunesse, à laquelle il enseignait au contraire à pratiquer le devoir, il fut condamné à mort. Un de ses disciples, Platon, nous a conservé son dernier entretien et le récit touchant de ses derniers moments.

Platon était né à Athènes, l'an 429 av. J.-C. Il mourut en 347. Élevé à l'école de Socrate, il fut l'un des plus grands philosophes de l'humanité. Pour lui le monde où nous vivons n'est pas le seul ; il en est un autre que nous ne voyons pas, que nous ne touchons pas, mais dont notre pensée nous révèle l'existence, et dont le monde matériel n'est que la copie. L'âme, dès cette vie, doit s'inspirer de la pensée de ce monde, où tout est beau, où tout est bon. — Les ouvrages de Platon sont écrits sous forme de dialogue.

L'immortalité.

MORT DE SOCRATE.

« Qu'il prenne confiance pour son âme, celui qui, pendant sa vie, a rejeté les plaisirs et les biens du corps, comme lui étant étrangers, et portant au mal; celui qui a aimé les plaisirs de la science, qui a orné son âme, non d'une parure étrangère, mais de celle qui lui est propre, comme la tempérance, la justice, la force, la liberté, la vérité, celui-là doit attendre tranquillement l'heure de son départ pour l'autre monde, comme étant prêt au voyage quand la destinée l'appellera. Quant à vous, Simmias et Cébès[1], et vous autres, vous ferez ce voyage, chacun à votre tour, quand le temps sera venu. Pour moi, la destinée m'appelle aujourd'hui, comme dirait un poète tragique; et il est à peu près temps que j'aille au bain, car il me semble qu'il est mieux de ne boire le poison[2] qu'après m'être baigné, et d'épargner aux femmes la peine de laver un cadavre. »

1. Disciples de Socrate, deux de ceux qui assistèrent à ses derniers moments.

2. A Athènes, les condamnés à mort buvaient de la ciguë.

Quand Socrate eut achevé de parler, Criton[1] prenant la parole : « A la bonne heure, Socrate, lui dit-il, mais n'as-tu rien à nous recommander, à moi et aux autres, sur tes enfants, ou sur toute autre chose où nous pourrions te rendre service ? »

— « Ce que je vous ai toujours recommandé, Criton, rien de plus : ayez soin de vous ; ainsi vous me rendrez service, à moi, à ma famille, à vous-mêmes, alors même que vous ne me promettriez rien présentement ; au lieu que si vous vous négligez vous-mêmes, et si vous ne voulez pas suivre comme à la trace ce que nous venons de dire, ce que nous avons dit il y a longtemps, me fissiez-vous aujourd'hui les promesses les plus vives, tout cela ne servira pas à grand'chose. »

« Nous ferons tous nos efforts, répondit Criton, pour nous conduire ainsi, mais comment t'ensevelirons-nous ? »

« Tout comme il vous plaira, dit-il, si toutefois vous pouvez me saisir, et que je ne vous échappe pas. » Puis, en même temps, nous regardant avec un sourire plein de douceur : « Je ne saurais venir à bout, mes amis, de persuader à Criton que je suis le Socrate qui s'entretient avec vous, et qui ordonne toutes les parties de son discours ; il s'imagine toujours que je suis celui qu'il va voir mort tout à l'heure, et il me demande comment il m'ensevelira ; et tout ce long discours que je viens de faire pour vous prouver que, dès que j'aurai avalé le poison, je ne demeurerai plus avec vous, mais que je vous quitterai, et irai jouir de félicités ineffables, il me paraît que j'ai dit tout cela en pure perte pour lui, comme si je n'eusse voulu que vous consoler et me consoler moi-même. Soyez donc mes cautions auprès de Criton, mais d'une manière toute contraire à celle dont il a voulu être la mienne auprès des juges : car il a répondu pour moi que je ne m'en irais

---

1. Autre disciple de Socrate ; il avait tout préparé pour l'évasion de son maître. Socrate, bien que condamné injustement, voulut rester en prison, et attendre la mort, pour donner aux hommes un exemple suprême du respect dû aux lois, même quand elles sont iniquement appliquées.

point ; vous, au contraire, répondez pour moi que je ne serai pas plus tôt mort, que je m'en irai, afin que le pauvre Criton prenne les choses plus doucement, et qu'en voyant brûler mon corps ou le mettre en terre, il ne s'afflige pas sur moi, comme si je souffrais de grands maux, et qu'il ne dise pas à mes funérailles qu'il expose[1] Socrate, qu'il l'emporte, qu'il l'enterre ; car il faut que tu saches, mon cher Criton, lui dit-il, que parler improprement, ce n'est pas seulement une faute envers les choses, mais c'est aussi un mal que l'on fait aux âmes. Il faut avoir plus de courage, et dire que c'est mon corps que tu enterres ; et enterre-le comme il te plaira, et de la manière qui te paraîtra la plus conforme aux lois. »

En disant ces mots, il se leva et passa dans une chambre voisine, pour y prendre le bain ; Criton le suivit, et Socrate nous pria de l'attendre. Nous l'attendîmes donc, tantôt nous entretenant de tout ce qu'il nous avait dit, et l'examinant encore, tantôt parlant de l'horrible malheur qui allait nous arriver ; nous regardant véritablement comme des enfants privés de leur père, et condamnés à passer le reste de notre vie comme des orphelins. Après qu'il fut sorti du bain, on lui apporta ses enfants, car il en avait trois, deux en bas âge et un qui était déjà assez grand, et on fit entrer les femmes de sa famille. Il leur parla quelque temps en présence de Criton, et leur donna ses ordres ; ensuite il fit retirer les femmes et les enfants, et revint nous trouver ; et déjà le coucher du soleil approchait, car il était resté longtemps enfermé. En rentrant, il s'assit sur son lit, et n'eut pas le temps de nous dire grand'chose, car le serviteur des Onze[2] entra presque en même temps et s'approchant de lui : « Socrate, dit-il, j'espère que je n'aurai pas à te faire le même reproche qu'aux autres ; dès que je viens les avertir, par l'ordre des magistrats, qu'il faut boire le poison, ils s'emportent contre moi, et me maudissent ; mais pour toi, depuis que tu es ici, je t'ai toujours trouvé le plus courageux, le plus doux

1. On exposait le mort avant de le porter au bûcher ou de l'enterrer.   2. Les onze tyrans, sous le gouvernement desquels Socrate fut condamné.

et le meilleur de ceux qui sont jamais venus dans cette prison, et en ce moment je suis bien assuré que tu n'es pas fâché contre moi, mais contre ceux qui sont la cause de ton malheur et que tu connais bien. Maintenant, tu sais ce que je viens t'annoncer, adieu, tâche de supporter avec résignation ce qui est inévitable. » Et, en même temps, il se détourna en fondant en larmes, et se retira. Socrate, le regardant, lui dit : « Et toi aussi, reçois mes adieux ; je ferai ce que tu dis. » Et se tournant vers nous: « Voyez, nous dit-il, quelle honnêteté dans cet homme ; tout le temps que j'ai été ici, il m'est venu voir souvent, et s'est entretenu avec moi: c'était le meilleur des hommes ; et maintenant comme il me pleure de bon cœur ! Mais allons, Criton, obéissons-lui de bonne grâce, et qu'on m'apporte le poison, s'il est broyé ; sinon, qu'il le broie lui-même. »

« Mais je pense, Socrate, lui dit Criton, que le soleil est encore sur les montagnes, et qu'il n'est pas couché: d'ailleurs je sais que beaucoup d'autres ne prennent le poison que longtemps après que l'ordre leur en a été donné; qu'ils mangent et qu'ils boivent à souhait; c'est pourquoi ne te presse pas, tu as encore du temps. »

« Ceux qui font ce que tu dis, Criton, répondit Socrate, ont leurs raisons ; ils croient que c'est autant de gagné : et moi, j'ai aussi les miennes pour ne pas le faire ; car la seule chose que je croirais gagner, en buvant un peu plus tard, c'est de me rendre ridicule à moi-même, en me trouvant si amoureux de la vie que je veuille l'épargner lorsqu'il n'y en a plus. Ainsi donc, mon cher Criton, fais ce que je te dis, et ne me tourmente pas davantage.»

A ces mots, Criton fit signe à l'esclave qui se tenait auprès. L'esclave sortit, et, après être resté quelque temps, il revint avec celui qui devait donner le poison, qu'il portait tout broyé dans une coupe. Aussitôt que Socrate le vit : « Fort bien, mon ami, lui dit-il; mais que faut-il que je fasse? Car c'est à toi à me l'apprendre. »

« Pas autre chose, lui dit cet homme, que de te promener quand tu auras bu, jusqu'à ce que tu sentes tes jambes appesanties, et alors de te coucher sur ton lit; le poison agira de lui-même. Et en même temps il lui tendit la coupe. Socrate la prit avec la plus parfaite sécurité, sans aucune émotion, sans changer de couleur ni de visage; mais regardant cet homme d'un œil ferme et assuré, comme à son ordinaire : « Dis-moi, est-il permis de répandre un peu de ce breuvage, pour en faire une libation[1] ? « Socrate, lui répondit cet homme, nous n'en broyons que ce qu'il est nécessaire d'en boire. »

« J'entends, dit Socrate ; mais au moins il est permis et il est juste de faire ses prières aux dieux, afin qu'ils bénissent notre voyage et qu'ils le rendent heureux; c'est ce que je leur demande. Puissent-ils exaucer mes vœux ! » Après avoir dit cela, il porta la coupe à ses lèvres, et la but avec une tranquillité et une douceur merveilleuse.

Jusque-là nous avions eu presque tous assez de force pour retenir nos larmes; mais en le voyant boire, et après qu'il eut bu, nous n'en fûmes plus les maîtres. Pour moi, malgré tous mes efforts, mes larmes s'échappèrent avec tant d'abondance, que je me couvris de mon manteau pour pleurer sur moi-même ; car ce n'était pas le malheur de Socrate que je pleurais, mais le mien, en songeant quel ami j'allais perdre. Criton, avant moi, n'ayant pu retenir ses larmes, était sorti ; et Apollodore[2], qui n'avait presque pas cessé de pleurer auparavant, se mit alors à crier, à hurler et à sangloter avec tant de force, qu'il n'y eut personne à qui il ne fît fendre le cœur, excepté Socrate : « Que faites-vous? dit-il, ô mes bons amis ! N'était-ce pas pour cela que j'avais renvoyé les femmes, pour éviter des scènes aussi peu convenables? car j'ai toujours ouï dire qu'il faut mourir avec de bonnes paroles. Tenez-vous donc en repos, et montrez plus de fermeté. »

Cependant Socrate, qui se promenait, dit qu'il sentait ses jambes s'appesantir, et il se coucha sur le dos, comme l'homme l'avait ordonné. En même temps le même homme

1. Dans l'antiquité païenne, faire une libation, c'était répandre soit du vin, soit une autre liqueur, en l'honneur des Dieux.

2. Disciple de Socrate.

qui lui avait donné le poison, s'approcha, et, après avoir examiné quelque temps ses pieds et ses jambes, il lui serra le pied fortement, et lui demanda s'il le sentait ; il dit que non. Il lui serra ensuite les jambes ; et, portant ses mains plus haut, il nous fit voir que le corps se glaçait et se raidissait ; et, le touchant lui-même, il nous dit que, dès que le froid gagnerait le cœur, alors Socrate nous quitterait. Déjà tout le bas-ventre était glacé. Alors se découvrant, car il était couvert : « Criton, dit-il, et ce furent ses dernières paroles, nous devons un coq à Esculape[1] ; n'oublie pas d'acquitter cette dette. »

« Cela sera fait, répondit Criton ; mais vois si tu as encore quelque chose à nous dire. » Il ne répondit rien, et un peu de temps après il fit un mouvement convulsif ; alors l'homme le découvrit tout à fait : ses regards étaient fixes. Criton, s'en étant aperçu, lui ferma la bouche et les yeux.   *Phédon*, traduction V. Cousin.

THUCYDIDE

Historien grec, né à Athènes l'an 470, mort l'an 402 av. J.-C. — Thucydide est le créateur de l'histoire scientifique et politique. Dans son histoire de la *Guerre du Péloponnèse*, au lieu de s'appliquer, comme avait fait Hérodote, à peindre le caractère naturel des contrées, les particularités des peuples, les monuments et les expéditions guerrières, et à chercher dans la destinée des peuples et des rois l'action toute-puissante d'une force divine et invincible, il voit dans les événements historiques le produit de l'homme lui-même, de sa volonté, de sa raison, de ses passions, et il recherche les conséquences de cette action dans le milieu politique et social où elle se manifeste ; son style précis est à la fois sévère et éloquent.

---

1. Dieu de la médecine.

Morts pour la patrie.

Ces guerriers en mourant se sont montrés les dignes enfants de la patrie. Vous qui leur survivez, souhaitez que vos jours soient plus heureusement préservés, mais déployez contre les ennemis le même héroïsme. Ne vous bornez pas à exalter en paroles les biens attachés à la défense du pays et au châtiment de ceux qui l'attaquent; mais contemplez chaque jour, dans toute sa splendeur, la puissance de notre république [1]; nourrissez-en votre enthousiasme; et quand vous en serez pénétrés, songez que c'est à force d'intrépidité, de prudence et de dévouement, que ces héros l'ont élevée si haut. Bien que le succès n'ait pas toujours couronné leurs efforts, ils n'ont pas voulu frustrer Athènes de leur vaillance; mais ils lui ont payé le plus magnifique tribut. En s'immolant pour la patrie ils ont acquis une gloire immortelle et trouvé un superbe mausolée [2], moins dans la tombe où ils reposent que dans le souvenir toujours vivant de leurs exploits. Les hommes illustres ont pour tombeau la terre entière. Non seulement leur pays conserve leurs noms gravés sur des colonnes, mais, jusque dans les régions les plus lointaines, à défaut d'épitaphe [3], la renommée élève à leur mémoire un monument immatériel.

Les prenant donc aujourd'hui pour modèles et plaçant le bonheur dans la liberté, la liberté dans le courage, ne reculez pas devant les hasards des combats. Pour l'homme de cœur, l'humiliation qui suit un acte de faiblesse est plus poignante que cette mort qu'on ne sent pas, lorsqu'elle vient frapper dans sa force le guerrier animé par l'espérance commune.

Guerre du Péloponnèse, liv. II, traduction Bétant.

---

1. La république athénienne.
2. Tombeau.
3. Inscription sur un tombeau.

XÉNOPHON

Né à Athènes vers 445, mort vers 355 av. J.-C. — Après avoir été élève de Socrate, il s'enrôla avec un grand nombre de ses compatriotes dans l'armée de Cyrus, en Asie-Mineure. Cyrus ayant été tué, et les généraux grecs assassinés, Xénophon s'improvisa général, et fit, à la tête de dix mille de ses compatriotes, une retraite célèbre dans l'antiquité, dont il a lui-même écrit l'histoire. Rentré dans sa patrie, il défendit la mémoire de Socrate, injustement condamné à mort, dans un ouvrage intitulé les *Entretiens mémorables de Socrate*. Il y rapporte les doctrines de son maître sur la providence, sur l'âme, sur l'éducation. Il a écrit en outre la *Cyropédie* ou enfance de Cyrus, l'*Économique*, des traités de la *Cavalerie*, de la *Chasse*, etc. Son style est simple et sans éclat.

La tempérance.

Persuadé que la tempérance est la première vertu d'un homme qui veut se bien conduire, Socrate en montrait en lui-même le plus parfait modèle ; il en faisait le sujet le plus ordinaire de ses entretiens, et comme son esprit était sans cesse occupé des moyens qui mènent à la vertu, il les rappelait sans cesse à tous ses auditeurs. Je sais qu'il eut un jour avec Euthydème, sur la tempérance, l'entretien suivant : « Dites-moi, Euthydème, la liberté vous paraît-elle le plus beau, le plus grand de tous les biens pour un particulier et pour un État?—Je n'en connais pas de plus estimable. — Celui qui se laisse dominer par la volupté, et qu'elle empêche de faire de belles actions, le jugez-vous libre? — Nullement. Le pouvoir de bien faire est peut-être ce que vous appelez la liberté, et vous regardez comme une servitude d'entretenir en vous-même des maîtres qui vous ravissent ce pouvoir? — Voilà précisément ma pensée. — Ainsi les hommes intempérants ne sont à vos yeux que des esclaves? — Certainement, et à juste titre. — Croyez-vous que les intempérants en soient quittes pour ne pouvoir faire le bien? Ne pensez-vous pas qu'ils sont forcés de commettre bien des choses honteuses? — Je ne les crois pas moins fortement poussés vers les actions basses que détournés du bien. — Que pensez-vous des maîtres qui défendent le bien, qui ordonnent le mal? — Qu'ils sont aussi méchants que possible. — Et quelle est la pire des servitudes? — Celle qui nous soumet aux plus méchants maîtres. — Les intempérants sont donc dominés par le plus cruel esclavage? — Je le crois. — Ne vous semble-t-il pas aussi que l'intempérance arrache les hommes à la sagesse, le plus grand des biens, pour les précipiter dans tous les désordres; que toujours les entraînant au plaisir, elle les empêche de se livrer à rien d'utile, et d'en occuper leur pensée; que souvent elle donne un esprit de vertige qui ôte la connaissance du bien et du mal, et force à choisir le pire? — C'est vrai. — Où trouvera-t-on plus difficilement de la prudence que dans les intempérants? car rien de plus opposé que les actions de la prudence et celles de la débauche. — Je conviens encore de cette vérité. — Est-il rien qui, plus que la débauche, nous détourne de la décence et du devoir? — Rien assurément. — Et le vice qui nous fait préférer ce qui nuit à ce qui est utile, qui nous force à nous occuper tout entiers de ce qui doit nous perdre, à négliger ce qui doit nous servir, qui nous contraint à ne faire que les actions les plus contraires à la prudence; un tel vice n'est-il pas le plus funeste de tous les maux? — Il n'en est point de plus pernicieux. — Laquelle, de la tempérance ou de l'intempérance, produit des effets contraires à ceux que nous venons de dépeindre? — Il est clair que c'est la tempérance. — N'est-il pas aussi évident que la cause de ces effets contraires est bonne? — Assurément. — Il faut donc que la tempérance soit un grand bien pour l'homme? — Cela est manifeste. — Avez-vous pensé à une chose, Euthydème? — A quoi? — C'est que l'intempérance ne peut conduire au plaisir, dont elle semble seulement susceptible, tandis que la tempérance est la vraie source de la pure volupté. — Et comment? — C'est que l'intempérance, qui ne nous permet pas d'endurer la faim, la soif, les veilles, nous empêche, par cela même, de trouver une véritable douceur à satisfaire les besoins que la nécessité nous impose. Pourquoi trouve-t-on du plaisir à contenter la faim, la soif, l'appétit, à se livrer au repos, au sommeil? C'est qu'on a été préparé par les rigueurs de la privation à tous les charmes de la jouissance. La tempérance seule nous apprend à supporter le besoin; seule elle peut nous faire connaître des plaisirs réels. — Ce que vous dites est d'une vérité sensible. — Bien plus, apprendre à connaître ce qui est beau et bon, rechercher ce qui peut mettre à même de perfectionner son corps, de bien conduire sa maison, de servir ses amis, sa patrie, de soumettre ses ennemis : voilà la source des plus grands avantages et de la plus inaltérable volupté. Les sages recueillent ces fruits; ils sont refusés à l'intempérant.

Entretiens mémorables de Socrate, traduction Gail.

ARISTOTE

Aristote fut le plus grand savant de l'antiquité. Né à Stagire (Macédoine) en 384 av. J.-C., il étudia la philosophie à l'école de Platon. Après avoir fait l'éducation d'Alexandre le Grand, il revint à Athènes fonder une école qui devint promptement célèbre et rivalisa avec celle de Platon. Son savoir était universel. Sa méthode était la méthode d'observation; il s'appliquait à voir les choses comme elles sont, pour en découvrir les lois. Aristote a écrit de très nombreux ouvrages qui ont joui, pendant l'antiquité et pendant tout le moyen âge, d'une réputation générale. En philosophie, il a formulé le premier les règles du raisonnement; il a traité de la morale, de la rhétorique, de la politique et des sciences naturelles.

Action morale des lois.

L'être qui ne vit que par la passion ne peut pas écouter la voix de la raison qui le détourne de ce qu'il désire; il ne peut même pas la comprendre. Comment retenir et dissuader un homme qui est dans cette disposition? La passion, en général, n'obéit pas à la raison ; elle ne cède qu'à la force. Ainsi, pour être vertueux, il faut d'abord que le

Aristote.

cœur soit porté à la vertu, qu'il aime le beau et déteste le laid. Mais il est difficile d'être dirigé dès l'enfance à la vertu, si l'on n'a pas le bonheur d'être élevé dans de bonnes lois. Une vie tempérante et rude n'est rien moins qu'agréable à la plupart des hommes, ni surtout aux jeunes gens. Aussi l'éducation des enfants et leurs travaux doivent-ils être réglés par la loi, car ses prescriptions ne seront plus pénibles pour eux, quand elles seront devenues des habitudes. Il ne suffit même pas que les hommes reçoivent, dans leur jeunesse, une bonne éducation et une culture convenable ; il faut encore, qu'une fois parvenus à l'âge viril, ils continuent cette vie et s'en fassent une habitude constante. Pour atteindre ce résultat, le secours des lois est encore nécessaire ; en un mot, il faut que la loi suive l'homme pendant son existence entière, car la plupart des hommes obéissent bien plutôt à la nécessité qu'à la raison, et aux châtiments qu'à l'honneur. Aussi les législateurs doivent-ils attirer les hommes à la vertu par la persuasion et les y engager au nom des lois ; mais ils doivent en outre décréter des châtiments contre les rebelles et les corrompus, et même débarrasser l'État de ceux qui sont moralement incurables.

Morale à Nicomaque, liv. X, ch. x.

DÉMOSTHÈNES

La parole publique a joué de tout temps en Grèce, et particulièrement à Athènes, un rôle considérable. Dans la république athénienne, le peuple, composé d'environ quinze

Démosthènes.

mille citoyens, était souverain, et il exerçait directement sa souveraineté ; les affaires publiques se traitaient et se décidaient dans les assemblées du peuple. De là le rôle important de l'éloquence.

Athènes a eu de grands orateurs. Le plus grand de tous fut Démosthènes, né en 385 av. J.-C. A cette époque, les rois de Macédoine, devenus puissants, cherchaient à asservir la Grèce. Démosthènes passa sa vie à lutter contre eux pour l'indépendance de son pays. Forcé de s'exiler, il s'empoisonna, en 322, pour ne pas tomber aux mains des Macédoniens vainqueurs. Ses principaux discours sont les *Philippiques*, les *Olynthiennes* et le *Discours sur la Couronne*.

L'honneur de la patrie.

Quand même l'avenir eût été manifeste pour tous, et que tous l'eussent prédit, notre ville devait encore faire ce qu'elle a fait, pour peu qu'elle songeât à sa gloire, à ses ancêtres, à la postérité. Que peut-on dire aujourd'hui? Que la fortune l'a trahie; c'est chose commune à tous les hommes, quand les dieux le veulent. Mais si, après s'être crue digne de commander aux Grecs, elle y eût renoncé, on l'aurait accusée d'avoir livré la Grèce entière à Philippe [1]. Si elle eût abandonné sans combat ce que nos ancêtres ont acheté par tant de périls, qui ne l'eût méprisée? De quel front, grands dieux! soutiendriez-vous les regards de tous les étrangers qui affluent dans Athènes, si par notre faute nous fussions tombés où nous sommes, si Philippe eût été nommé chef et maître, et que, pour empêcher ce déshonneur, d'autres eussent combattu sans nous; sans nous, qui dans tous les temps avons préféré d'honorables dangers à une honteuse sûreté? Mais ce n'était pas ce que les Athéniens avaient appris de leurs ancêtres et de leur propre cœur. Non, jamais on n'a pu persuader à notre république de s'unir à une puissance injuste, et de se faire esclave pour être en sûreté. Mais combattre pour la prééminence, braver les dangers pour l'honneur, pour la gloire, voilà ce qu'elle a fait dans tous les temps. Noble exemple, et si bien selon vos mœurs que ceux de vos ancêtres qui l'ont donné sont

1. Philippe, roi de Macédoine, père d'Alexandre le Grand.

l'éternel sujet de vos louanges. Athéniens, ces louanges sont méritées. Comment en effet, ne pas admirer la vertu de ces hommes, qui abandonnèrent leur pays et leur ville, et montèrent sur leurs vaisseaux, pour n'être pas forcés d'obéir [1]? Ils mirent à leur tête l'auteur de cette résolution, Thémistocle; et Cyrsile qui conseillait de se soumettre, ils le lapidèrent. Sa femme elle-même fut lapidée par les femmes d'Athènes. C'est que les Athéniens de ce temps ne cherchaient pas un orateur, un général qui leur assurât une servitude heureuse; ils pensaient qu'ils ne devaient pas vivre, s'ils ne pouvaient pas vivre libres. Chacun d'eux ne se croyait pas né seulement pour son père et sa mère, mais aussi pour sa patrie. Quelle est la différence? C'est que celui qui se croit né non pas seulement pour son père et pour sa mère, mais aussi pour sa patrie, aime mieux mourir que de la voir esclave. La honte, les outrages qu'il faut subir dans une ville asservie lui paraissent plus à craindre que la mort.   *Discours sur la Couronne.*

ÉPICTÈTE

Épictète appartenait à l'école de philosophie connue sous le nom de *stoïcisme*. La doctrine stoïcienne consistait à ne pas considérer comme des biens, tous les biens qui peuvent nous être ravis, tels que la santé, la beauté, les honneurs, les richesses, et à faire consister la vertu et le bonheur dans la grandeur d'âme et le mépris de la douleur. Jamais homme ne pratiqua mieux ses doctrines qu'Épictète. Né en Phrygie, au premier siècle après J.-C., il fut amené à Rome et vendu comme esclave. Il montra que l'âme peut être libre et grande dans l'esclavage. Par exemple, un jour, son maître le battait au point de lui casser une jambe.

1. Lorsque les Perses, après la bataille d'Artémisium, se furent rendus maîtres de la Grèce, les Athéniens, sur le conseil de Thémistocle, abandonnèrent leur ville, et se retirèrent sur leurs vaisseaux. A Salamine, les quatre cents vaisseaux grecs battirent la flotte perse, composée de douze cents navires.

Épictète, sans se plaindre, se contenta de dire : « Je vous avais bien prévenu que vous me la casseriez ; c'est une perte pour vous. » On a de lui des *Entretiens philosophiques*.

La dignité personnelle.

Pour l'être doué de vie et de raison, il n'y a d'impossible à supporter que ce qui est contraire à la raison, mais tout ce qui est conforme à la raison se peut supporter.

Quand Florus demanda à Agrippinus[1] s'il devait descendre sur la scène avec Néron[2] pour y jouer un rôle lui aussi : « Descends-y, » fut la réponse. Et comme il demandait : « Pourquoi, toi, n'y descends-tu pas ? » « Parce que moi, dit-il, je ne me demande même pas si je dois le faire[3]. » C'est, qu'en effet, celui qui s'abaisse à délibérer sur de pareilles choses, et qui pèse les objets extérieurs avant de se décider, touche de bien près à ceux qui oublient leur dignité personnelle.

Vespasien[4] avait envoyé dire à Helvidius Priscus[5] de ne pas aller au sénat : « Il est en ton pouvoir, lui répondit-il de m'empêcher d'être du sénat ; mais tant que j'en serai, j'y dois aller. — Eh bien ! vas-y, lui dit l'empereur, mais tais-toi. — Ne m'interroge pas, et je me tairai. — Mais il faut que je t'interroge. — Et moi il faut que je dise ce qui me semble juste. — Si tu le dis, je te ferai mourir. — Quand t'ai-je dit que j'étais immortel ? Tu rempliras ton rôle, et je remplirai le mien. Ton rôle est de faire mourir ; le mien est de mourir sans trembler. Ton rôle est d'exiler, le mien est de partir sans chagrin. »

Mais comment sentirons-nous ce qui est conforme à notre dignité ? — Comment le taureau, à l'approche du lion, sent-il la force qui est en lui, et se jette-il en avant pour le troupeau tout entier ? Il est évident que dès le pre-

1. Personnages romains du temps de Néron.

2. Empereur romain, fameux par ses cruautés et ses crimes.

3. Un poète contemporain, M. de Laprade a dit de même :

Qui prend conseil d'autrui quand l'hon-
[neur a parlé,
A dans le fond du cœur déjà capitulé.

4. Empereur romain (9-79).

5. Sénateur romain, un de ceux qui pratiquèrent la philosophie stoïcienne et restèrent fidèles à la république sous l'empire. Il fut mis à mort par l'ordre de Vespasien.

mier instant, avec la force dont il est doué, se trouve en lui le sentiment de cette force. Eh bien! de même chez nous nul de ceux qui seront ainsi doués ne restera sans le savoir. Mais ce n'est pas en un jour que se fait le taureau non plus que l'homme d'élite; il faut s'exercer et se former avec peine, et ne pas s'élancer à l'étourdie vers ce qui n'est pas de notre compétence. *Entretiens.*

PLUTARQUE

Plutarque est sans contredit l'écrivain le plus fécond de l'antiquité grecque. Il avait composé, dit-on, 210 ouvrages, dont 130 seulement nous sont parvenus. Né à Chéronée, en Béotie, vers l'an 50 de J.-C., il voyagea en Égypte, en Asie, et vint ouvrir à Rome une école de philosophie et de littérature. Il se retira ensuite dans sa patrie où il mourut vers l'an 140. — Il a touché à toutes les questions philosophiques et religieuses qui s'agitaient à une époque où les croyances païennes étaient singulièrement affaiblies. En religion, Plutarque est un des derniers croyants du paganisme. En philosophie, il ne s'attache particulièrement à aucune des nombreuses doctrines qui avaient cours de son temps; il puisa librement dans chacune d'elles. Son ouvrage le plus célèbre est les *Vies parallèles*. Il y raconte, comme le titre l'indique, en les accouplant et en les comparant, les vies des personnages les plus fameux de la Grèce et de Rome, par exemple celles d'Alexandre et de César, deux conquérants, celles de Cicéron et de Démosthènes, deux orateurs, celles de Lycurgue et de Numa, deux législateurs.

Un magistrat intègre.

CATON [1].

Le gouvernement de l'île de Sardaigne lui échut une fois par le sort, étant préteur [2], et, au lieu que les autres

---

1. Caton l'Ancien (232-147 av. J.-C.), Romain célèbre par son patriotisme, l'austérité de ses mœurs, et la rigidité de son caractère.

2. A Rome les préteurs étaient les magistrats chargés de rendre la justice.

préteurs, avant lui, mettaient le pays en grands frais à les fournir de pavillons [1], de lits, de robes et autres meubles, et chargeaient les habitants d'une grande suite de serviteurs, et grand nombre [2] de leurs amis, qu'ils traînaient toujours quand et eux [3], et d'une grosse dépense qu'ils faisaient ordinairement en banquets et fêtoyements [4] : lui, au contraire, y fit un changement de superfluité excessive en simplicité incroyable [5]; car il ne leur fit pas coûter, pour lui, un tout seul denier, parce qu'il allait faisant sa visitation [6] par la ville [7], à pied, sans monture quelconque, et le suivait seulement un officier de la chose publique, qui lui portait une robe et un vase à offrir du vin aux dieux dans les sacrifices [8]. Mais, comme il se montrait aussi simple et facile aux sujets [9] en telles choses [10], aussi leur faisait-il d'autre côté bien sentir sa gravité et son autorité dans les choses qui concernaient le fait de la justice, là où il ne pardonnait à personne, et dans les ordonnances et commandements, qu'il leur faisait au nom de la chose publique; car là il y était si sévère et si âpre, qu'il ne voulait pas que l'on y faiblît d'un seul point, tellement que l'empire romain ne fut jamais ni plus aimable, ni plus redoutable aux habitants de la Sardaigne, qu'il fut sous son gouvernement.

Vie de Caton le Censeur, traduction d'Amyot [11].

1. Tentes d'apparat.

2. Et d'un grand nombre...

3. En même temps qu'eux : vieille locution qui est restée dans le langage populaire de quelques provinces.

4. Fêtes, vieux mot disparu de la langue.

5. Forme vieillie signifie : changea le superflu excessif de ces habitudes en une simplicité incroyable.

6. Visite.

7. De ville en ville.

8. Dans les cérémonies du culte païen, on faisait des libations; V. plus haut, p. 13.

9. Les habitants de la Sardaigne, sujets de Rome.

10. Dans les choses dont il vient d'être question.

11. Jacques Amyot, né à Melun en 1513, mort en 1593, évêque d'Auxerre, un des écrivains français les plus célèbres du seizième siècle. Il s'appliqua à traduire plusieurs auteurs grecs, entre autres Plutarque. Nous donnons ce fragment de sa traduction de la *Vie de Caton*, comme un spécimen de la prose française au seizième siècle.

MARC AURÈLE

L'empereur romain Marc Aurèle (121-180 de J.-C.) est une des figures les plus pures et les plus grandes de l'antiquité. A l'époque où il monta sur le trône, l'empire romain, menacé sur ses frontières par le flot sans cesse grandissant des barbares, était travaillé au dedans par la dissolution des mœurs et des vieilles croyances, et par les progrès du christianisme. Le vieux monde croulait; aucune puissance humaine ne pouvait en arrêter la chute. Marc Aurèle, sans se faire illusion sur l'impuissance de la philosophie à conjurer ces ruines, pratiqua les vertus de la philosophie la plus sévère. Humain, tolérant, modéré, toujours fidèle au devoir, il montra sur le trône autant de grandeur d'âme qu'Épictète en avait montré dans l'esclavage.

Il a écrit en grec des *Pensées* d'une haute inspiration morale.

Dignité de l'âme humaine.

Ce qui rend l'homme estimable, ce n'est pas d'être poussé par les vents, comme les plantes, ni de respirer comme les animaux sauvages et domestiques, ni d'avoir une imagination propre à recevoir l'impression des objets, ni d'être secoué par ses appétits, comme une marionnette l'est par les cordons qu'on tire ou qu'on lâche;... ce qui honore véritablement l'homme, ce n'est pas d'être accueilli avec des battements de mains, ni avec des acclamations et des louanges, puisque les acclamations et les louanges de la multitude ne sont aussi que des bruits. Laissez donc là toute cette méprisable gloire.

Qui donc alors distingue et relève l'homme? C'est, à mon avis, de savoir diriger et contenir tous les mouvements de son âme, au point de ne faire que des actions conformes à la constitution d'un être raisonnable.

Voilà ce qui rend l'homme véritablement digne d'estime; et si tu parvenais une fois à cette perfection, tout autre objet te deviendrait indifférent.

Garde-toi de jamais estimer, comme un bien qu'il te serait utile de posséder, ce qui t'obligerait un jour à manquer de foi, à violer la pudeur, à haïr quelqu'un, à le soupçonner, à le maudire, à le tromper, enfin à désirer des choses qui ont besoin de voiles et de murailles pour être cachées.

Celui qui donne le premier rang d'estime à son âme, à ce génie divin qui l'éclaire, et au culte sacré des vertus, ne fait pas comme les héros de tragédie : il ne pousse point de gémissements sur son sort. Il n'évitera ni la solitude, ni le monde ; il passera sa vie sans rien ambitionner ni craindre, se mettant peu en peine si son âme sera ou ne sera pas longtemps environnée d'un corps. Il serait aussi prêt à mourir à l'instant même, s'il le fallait, qu'il est prêt à remplir toute autre fonction décente et honnête. Il ne craint que d'omettre, pendant le cours de sa vie, quelqu'une des fonctions qui conviennent à un être intelligent et sociable. *(Pensées.)*

LITTÉRATURE LATINE

Les premiers temps de la littérature latine.

Les Latins ont une commune origine avec les Grecs.
Leur langue dérive de la langue grecque; de même leur
littérature, malgré le génie et l'originalité de quelques-
uns de leurs écrivains, est une imitation de la littérature
grecque. Ce fut un grec de Tarente, Livius Andronicus
qui le premier introduisit à Rome, au troisième siècle
avant Jésus-Christ, la littérature grecque, en traduisant
l'*Odyssée* d'Homère, et quelques tragédies. Après lui,
jusqu'au premier siècle avant Jésus-Christ, nous trouvons :
Nævius, qui écrivit des tragédies, des comédies, et une
sorte de poème épique sur un sujet tiré de l'histoire nationale, la *Guerre punique* ; — Ennius, qui composa les
Annales, vaste poème historique, sur les premiers temps
de Rome ; — Plaute et Térence, imitateurs habiles des
comédies grecques ; — Caton, un Romain de vieille souche,
qui lutta toute sa vie contre l'envahissement de Rome par
les Grecs, et composa les *Origines*, vaste répertoire où
trouvaient place la légende et l'histoire, les lois et les
mœurs ; — Lucilius, l'inventeur de la satire ; — Attius,
le poète tragique, — Afranius, qui écrivit des comédies
nationales ; — enfin Varron, le plus érudit des Romains,
qui, dans ses nombreux ouvrages, avait traité toutes
sortes de sujets, archéologie [1], grammaire, poésie, théâtre,
éloquence et philosophie.

1. L'archéologie est la science des antiquités.

LUCRÈCE

Titus Lucretius Carus, poëte latin, né en 95 av. J.-C., mort en 51, auteur d'un poëme philosophique, intitulé *De la Nature des choses*, où il expose, dans des vers d'une précision et d'un éclat admirables, l'origine et la composition de l'univers, d'après cette doctrine antique pour laquelle toutes choses, corps et âmes, ne sont que des collections de particules matérielles, infiniment petites et indivisibles, appelées *atomes*[1]. Lucrèce fait la guerre aux croyances religieuses. Son poëme appartient au genre didactique[2].

La superstition.

SACRIFICE D'IPHIGÉNIE.

Tu crains, dans mes leçons, de te voir entraîné.
Par la raison sans culte au[3] noir chemin des crimes.
Ah ! la religion fait plutôt des victimes ;
Et d'un culte odieux le sacrilège est né !
Des Grecs, au port d'Aulis, l'élite réunie[4],
Les rois, pour conjurer la Vierge-aux-carrefours[5],
Souillent l'infâme autel du sang d'Iphigénie.
Sur ses tempes déjà flottent les blancs atours
Suspendus au bandeau qu'à son front on attache[6].
Elle voit là son père[7] immobile d'horreur,
Le couteau que le prêtre à ce malheureux cache,
Ses larmes que sa vue à tout le peuple arrache,
Et sent fuir ses genoux, muette de terreur.
La misérable ! En vain c'est elle la première

---

1. *Atome* veut dire qui ne peut être divisé.

2. Un poëme didactique est un poëme qui *enseigne* un art ou une science.

3. Dans le.

4. L'élite des Grecs réunie au port d'Aulis. La flotte grecque, prête à partir pour Troie, était retenue à Aulis par des vents contraires. Le grand prêtre exigea qu'Iphigénie, fille d'Agamemnon, fût immolée sur l'autel de Diane, pour obtenir des vents favorables !

5. Diane ; ses statues étaient placées dans les carrefours.

6. On couronnait de bandelettes le front des animaux que, dans le culte païen, on immolait aux divinités.

7. Agamemnon, roi d'Argos et de Mycènes, un des chefs de l'expédition contre Troie.

Qui fit entendre au roi le nom sacré de père [1] :
On la saisit tremblante, on la traîne à l'autel,
Non pour voir accomplir le rite solennel [2]
Et par l'hymen brillant s'en retourner suivie [3],
Mais, nubile [4], offrant pure au fer honteux sa vie [5],
Tomber, victime en pleurs qu'un père sacrifie
Pour le départ heureux et sûr de ses vaisseaux...
Tant la religion peut conseiller de maux !

De la Nature des choses, livre Ier,
traduction de Sully-Prudhomme [6].

CICÉRON

Cicéron est certainement le plus grand nom de la littérature latine, par le nombre, la variété, l'importance et la perfection de ses ouvrages.

Né en 107, à Arpinum, mort en 43 av. J.-C., il fut activement mêlé à tous les événements politiques de son temps, et fut élu à la première magistrature de son pays, le *consulat* [7]. Il resta fidèle au parti de la liberté, qui devait succomber sous les coups de César.

L'éloquence est la faculté maîtresse de Cicéron. Il a prononcé et écrit un très grand nombre de plaidoyers et de discours politiques, entre autres le plaidoyer pour le poète Archias, les discours contre Catilina et contre Verrès. Il a écrit plusieurs traités sur cet art de la parole où il était passé maître, l'*Orateur*, la *Rhétorique*. En outre, il s'est appliqué à faire passer dans la langue et la littérature latines, les principales doctrines de la philosophie grecque. Parmi ses ouvrages philosophiques, il faut citer : le traité *Des biens et des maux*, les *Tusculanes*, le traité des *Devoirs*, le traité de la *Nature des Dieux* et la *République*.

---

1. Elle était la fille aînée d'Agamemnon.

2. Étymologiquement, *solennel* signifie accoutumé.

3. Il s'agit ici du cortège qui accompagnait les nouveaux époux.

4. En âge d'être mariée.

5. Offrant sa vie pure au fer honteux.

6. Poète contemporain.

7. Les *consuls* étaient à Rome les premiers magistrats de la République; ils étaient élus pour un an. A Rome, on comptait les années par la succession des consulats.

Devoirs du citoyen envers sa patrie.

La patrie ne nous a point donné la vie et l'éducation pour n'attendre de nous aucun soutien, pour se rendre esclave de nos intérêts, et offrir à notre oisiveté un sûr asile, à nos jouissances une fidèle protection : elle a voulu que toutes les facultés de notre âme, notre esprit, notre cœur, notre raison, accrues et perfectionnées par ses soins,

Cicéron.

devinssent un jour sa propre richesse, et qu'il ne nous fût permis d'employer à notre usage que la portion de nous-mêmes dont elle n'avait pas besoin.

Et combien sont frivoles les excuses de ceux qui veulent se faire pardonner leur inaction ! Les affaires publiques, disent-ils, étant presque toujours en proie à des hommes méprisables, qu'il est honteux d'avoir pour rivaux, qu'il est déplorable et dangereux de combattre, surtout au milieu des agitations populaires, il ne faudrait avoir ni sagesse pour prendre en main les rênes, quand on ne peut maîtriser la fougue aveugle de la multitude, ni honneur pour s'exposer, dans cette lutte contre des adversaires vicieux et féroces, aux traits sanglants de l'insulte ou à d'infâmes traitements dont le sage doit frémir : comme si pour des hommes vertueux, doués d'un grand courage et d'une âme généreuse, ce n'était pas un assez juste motif d'accepter le gouvernement des peuples, que l'horreur même d'obéir à des méchants, et la crainte de voir quelque jour la République déchirée par des traîtres, lorsque tous les vœux et les efforts d'un bon citoyen ne pourraient plus la secourir !

Ils font cependant une exception, et ils prétendent que le sage ne prendra quelque part aux affaires de l'État, que s'il y est forcé par les circonstances et la nécessité. Mais ce qui m'étonne le plus, c'est d'entendre des gens éclairés, après être convenus qu'ils ne peuvent tenir le gouvernail sur une mer paisible, parce qu'ils ne connaissent point l'art de le conduire et ne s'en sont jamais occupés, annoncer qu'ils viendront s'y asseoir dans les plus affreuses tempêtes. Ils ont, en effet, coutume de dire, et ils se glorifient de cet aveu, que jamais ils n'ont appris ni enseigné la manière d'établir ou de gouverner les républiques, et ils prétendent que cette connaissance, étrangère aux savants et aux sages, doit être abandonnée à ceux qui ont l'exercice des affaires. D'où vient donc cette confiance qui leur fait promettre leurs services à l'État, si quelque nécessité les y force, lorsqu'ils ne savent point remplir un devoir plus facile, celui de régir un État que la nécessité ne remet pas entre leurs mains ? Pour moi, quand même il serait vrai que le sage, ordinairement éloigné des fonctions politiques par sa volonté, ne les accepte que si les conjonctures lui en font une loi, je croirais toujours qu'il doit bien se garder de négliger cette science de l'administration civile, parce que la prudence même lui recommande d'acquérir d'avance une instruction que l'avenir peut lui rendre nécessaire.

De la République, traduction Leclerc.

VIRGILE

Il y a eu, dans l'histoire de la littérature latine, une période de perfection que l'on appelle le siècle d'Auguste ; c'est le premier siècle de l'ère chrétienne.

Virgile.

Le plus grand poète de cette époque est Virgile, né à Mantoue, l'an 70 av. J.-C. Ses principaux ouvrages sont les *Bucoliques*, poèmes qui retracent des scènes de la vie pastorale, les *Géorgiques*, poème didactique sur les travaux des champs, dont le but était de remettre l'agriculture en honneur ; l'*Énéide*, poème épique et national, qui raconte les aventures d'Énée, héros troyen, échappé des ruines de Troie, et conduit par les destins en Italie, pour y fonder une ville d'où devait sortir la race romaine. — Virgile excelle dans la peinture des sentiments tendres et touchants ; son style est d'une pureté et d'une harmonie inimitables.

Les supplices des méchants.

Voici ceux qui, pendant leur vie, ont haï leurs frères, frappé leurs parents, et trompé leurs clients. Voici la foule de ceux qui se sont fait pour eux seuls un lit de leurs trésors, et n'y ont pas fait participer leurs proches; voici ceux qui ont trouvé la mort dans des amours adultères, ceux qui ont pris part à des guerres impies, et n'ont pas craint de violer les serments faits à leurs maîtres; enfermés ici, ils attendent le châtiment. Ne cherche pas à savoir la forme de tous ces supplices. Les uns roulent un rocher énorme; d'autres sont suspendus, les jambes écartées, aux rayons d'une roue; le malheureux Thésée [1] est assis immobile, et il restera éternellement assis. Le plus malheureux de tous, Phlégyas [2] leur répète à haute voix au milieu des ténèbres : « Que mon exemple vous apprenne à respecter la justice et à ne pas mépriser les dieux ! » Celui-ci a vendu sa patrie pour de l'or et lui a imposé un maître; celui-là a fait et refait les lois à prix d'argent; tous ont osé concevoir d'horribles forfaits et les ont exécutés. Non, quand j'aurais cent langues, cent bouches et une voix de fer, je ne saurais énumérer tous les genres de crimes, ni dire tous les noms des châtiments.

Énéide, livre VI.

HORACE

Quintus Horatius Flaccus, poète latin, né à Venouse, l'an 65 av. J.-C., mort l'an 8 de l'ère chrétienne, fut, comme Virgile, un protégé de Mécène, cet ami d'Auguste, célèbre pour avoir été le bienfaiteur des artistes et des poètes. De goûts modestes, d'un esprit fin, charmant et modéré, il consacra sa vie à la poésie. Il a écrit des *odes* [3], à l'imitation des

---

1. Héros grec.

2. Héros grec qui avait incendié un temple.

3. *Ode* signifie chant. S'applique aux chants lyriques, c'est-à-dire aux poésies qui se chantaient avec accompagnement de lyre.

lyriques grecs, des *satires*, où il raille les travers et les vices de son temps, enfin, des *épitres*, dictées par le bon sens le plus spirituel et la sagesse la plus aimable.

La cupidité.

Quel profit d'aller cacher en terre, d'un pied furtif et tremblant, un poids énorme d'or et d'argent? — Mais, si je l'entame, il sera bientôt réduit à un sou. — Eh bien!

Horace.

sans cela qu'a de beau ce tas d'écus? Que ta grange batte cent mille mesures de blé; ton estomac en contiendra-t-il plus pour cela que le mien? Celui qui, dans une troupe d'esclaves, porte sur son épaule meurtrie le sac au pain, n'a pas une plus grosse part que celui qui n'a rien porté. Dis-moi; si l'on vit dans les limites de la nature, qu'importe de labourer cent arpents ou d'en labourer mille? — Mais il est agréable de puiser à un gros tas. — Si tu m'en laisses prendre autant à un petit, pourquoi préférer tes greniers à mes corbeilles? C'est comme si, ayant besoin d'une cruche d'eau, ou même d'un verre, tu disais: J'aime mieux le puiser à un grand fleuve qu'à cette petite fontaine!...

La plupart des hommes, trompés par une aveugle convoitise raisonnent ainsi : On ne vaut que ce qu'on a; on n'a donc jamais assez. Que leur faire? les laisser être misérables tout à leur aise. Cela me rappelle le vieil avare d'Athènes, qui méprisait les huées de la populace : « Ils me sifflent, disait-il; mais je m'applaudis, moi, quand, de retour au logis, je contemple mes écus dans ma caisse. » Tantale poursuit l'eau qui fuit ses lèvres altérées... Tu ris ? change le nom; c'est ton histoire. Tu t'endors, bouche ouverte, sur des sacs amassés de toutes parts; tu t'astreins à les respecter comme des objets sacrés, à en jouir comme d'une peinture; tu ne sais donc pas ce que vaut un écu, ce qu'il peut donner? Achète un pain, des légumes, un setier de vin, en un mot tout ce dont on ne saurait priver la nature sans la faire souffrir. Mais veiller à demi mort de frayeur, redouter jour et nuit voleurs, incendies, esclaves pillards, est-ce là ton plaisir? Ah! puissé-je toute ma vie rester pauvre de ces biens là!

Et si la fièvre glace ton corps, si quelque accident te cloue au lit, as-tu quelqu'un pour veiller à ton chevet, préparer les médicaments, parler au médecin, enfin pour te remettre sur pied, et te rendre à tes enfants et à tes proches? Non! ta femme ne souhaite pas ta guérison; ton fils pas davantage; voisins, connaissances, garçons et filles, tout le monde te déteste. Et tu t'étonnes, toi qui places l'argent avant tout, que personne n'ait pour toi une affection que tu ne mérites pas! Tes parents eux-mêmes, ces amis donnés par la nature, si tu veux les conserver, te les attacher, tu perdras ta peine.... Cesse donc d'amasser; à mesure que tu possèdes davantage, redoute moins la pauvreté; tu as ce que tu désirais; mets un terme à tes travaux. N'imite pas un certain Ummidius, riche à mesurer ses écus au boisseau, avare au point de se vêtir, comme un esclave; jusqu'à son dernier jour, il n'eut qu'une crainte celle de mourir de faim. Un jour, une affranchie [1] le coupa en deux d'un coup de hache.

Satires, livre Ier.

OVIDE

Esprit facile et aimable, amoureux du plaisir, habile à le chanter, Ovide, né 43 ans av. J.-C., mort en exil l'an 18 de l'ère chrétienne, est le poète bel esprit et mondain du siècle d'Auguste. Ses principaux poèmes sont : les *Élégies* [2] amoureuses, l'*Art d'aimer*, les *Métamorphoses*, les *Fastes*, et une célèbre tragédie de *Médée*, dont il ne nous reste qu'un seul vers.

L'exil.

Si par hasard tu es surprise que ma lettre soit écrite par des doigts étrangers, c'est que j'étais malade, malade aux extrémités d'une terre inconnue, incertain de mon salut... Je languis, épuisé, aux derniers confins du monde, chez des peuples éloignés, et, dans mon abattement, tout ce qui me manque se présente à mon esprit. Mais tu l'emportes sur tout, ô mon épouse, et tu occupes plus de la moitié de mon cœur. Absente, je te parle, c'est toi seule que ma voix appelle ; chaque nuit, chaque jour m'apporte ton image. On dit même que dans mes égarements, ton nom sortait sans cesse de ma bouche en délire... Je suis donc entre la vie et la mort ; et toi peut-être, là bas, oublieuse de moi, tu passes des jours agréables. Mais non, je l'affirme ; sans moi, chère épouse, tes jours ne peuvent s'écouler que dans la tristesse. Si pourtant les années que le sort m'a comptées sont écoulées, si vraiment ma fin est si prochaine, ne pouviez-vous, grands dieux, épargner une vie près de finir, et permettre au moins que j'eusse un tombeau dans ma patrie, soit en différant mon exil jusqu'à ma mort, soit en précipitant ma mort pour prévenir mon exil. Naguère encore je pouvais avoir vécu sans

1. Une esclave affranchie. | 2. Élégies, poésies tristes ou tendres.

tache ; c'est pour mourir exilé, que mes jours ont été prolongés ! Je mourrai donc sur ces bords inconnus, et ces lieux ajouteront encore à l'horreur du trépas. Ce n'est pas sur mon lit que reposera mon corps. Personne ne pleurera à mes funérailles, je n'aurai personne pour recueillir mes dernières volontés, pas une main amie pour fermer mes yeux éteints ; mais privé de funérailles, privé des honneurs du tombeau, privé de larmes, une terre barbare me recouvrira..... Du moins, fais transporter à Rome mes cendres dans une urne modeste [1] ; de la sorte, je ne serai pas exilé encore après ma mort.

Les Tristes, livre III, élégie III.

TITE LIVE

Rome a eu de remarquables historiens : Caton, Varron, dont nous avons déjà parlé ; César qui a raconté ses campagnes, la *Guerre des Gaules* et la *Guerre civile* ; Salluste, qui a écrit d'un style clair et concis, la *Conjuration de Catilina*, et la *Guerre contre Jugurtha*, — Au siècle d'Auguste, Tite Live, né à Padoue, 59 ans av. J.-C., mort l'an 17 de l'ère chrétienne, composa une vaste *Histoire romaine*, qui se recommande moins par l'information historique de l'auteur, que par son talent d'écrire, son éloquence et son art de mettre en scène les personnages et de faire revivre les événements.

L'exilé traître à sa patrie.

Coriolan [2] exilé de Rome s'était réfugié chez les Volsques, et à la tête de leur armée, il marchait contre sa patrie. Les prêtres, envoyés par les Romains, n'avaient pu désarmer son courroux.

Alors les dames Romaines se rendent en foule auprès

---

1. Les Romains brûlaient les cadavres de leurs morts, et en conservaient pieusement les cendres dans des urnes, qu'on appelait des urnes funéraires.

2. Personnage romain, qui déçu dans son ambition, exilé par ses concitoyens, alla se mettre au service des Volsques, ennemis de sa patrie.

de Véturie, mère de Coriolan, et de Volumnie, sa femme...
Elles obtiennent que Véturie, malgré son grand âge, et
Volumnie, portant dans ses bras les deux fils qu'elle avait
eus de Coriolan iraient au camp ennemi. Femmes, elles
défendraient, par les larmes et les prières, cette ville
que les hommes ne pouvaient défendre par les armes.
Quand elles furent arrivées devant le camp, et qu'on
annonça à Coriolan la présence d'une troupe nombreuse
de femmes, lui que ni la majesté de la république[1],
dans la personne de ses ambassadeurs, ni l'appareil sacré
de la religion dans la personne de ses prêtres, n'avaient pu
émouvoir, fut d'abord plus insensible encore à des larmes
de femmes. Mais quelqu'un de sa suite ayant reconnu
Véturie, qui, debout entre sa bru et ses petits-enfants, se
faisait remarquer par sa douleur, lui dit : « Si mes yeux
ne me trompent, ta mère, ta femme et tes enfants sont
ici. » Coriolan éperdu, comme hors de lui-même, s'élance
de son siège, court au devant de sa mère pour l'embrasser. Mais elle, passant tout à coup des prières à l'indignation : « Arrête, s'écrie-t-elle ; avant de recevoir tes embrassements, que je sache si je suis venue auprès d'un
ennemi ou d'un fils ; et si, dans ton camp, je suis ta captive ou ta mère ? N'ai-je donc tant vécu, ne suis-je parvenue à cette déplorable vieillesse que pour te voir d'abord
exilé, puis armé contre ta patrie ? As-tu pu ravager cette
terre qui t'a donné le jour, qui t'a nourri ? Malgré ton
ressentiment et tes menaces, ton courroux ne s'est pas
apaisé, en franchissant ces frontières ! Quand Rome t'est
apparue, il ne t'est pas venu à l'esprit : derrière ces murailles sont ma maison, les dieux de mon foyer, ma mère,
ma femme et mes enfants ? Ainsi donc, si je n'avais pas
été mère, Rome ne serait pas assiégée ; si je n'avais pas
de fils, j'aurais pu mourir libre, dans ma patrie libre ! Mais
maintenant il ne peut rien m'arriver de plus honteux pour
toi, de plus malheureux pour moi ; quelque malheureuse
que je sois, je ne le serai pas longtemps. Mais songe à ces

1. La République romaine.

enfants; si tu vas plus loin, une mort prématurée les attend, et une longue servitude. » A ces mots la femme et les enfants de Coriolan l'embrassent; toutes les femmes se mettent à pleurer; leurs gémissements sur leur sort et sur celui de la patrie, brisent enfin ce cœur insensible; il embrasse les siens, les renvoie, et va camper loin de Rome.

Histoire, livre II.

SÉNÈQUE

Le philosophe Sénèque était né à Cordoue, en Espagne, l'an 9 de l'ère chrétienne. Il vint à Rome où il enseigna la rhétorique et la philosophie. A cette époque, les philosophes étaient de véritables directeurs de conscience, qui cherchaient leurs inspirations surtout dans la philosophie stoïcienne[1]. Sénèque fut le précepteur de Néron. Il aima la vertu, la célébra dans une langue spirituelle et imagée; mais il ne la pratiqua pas toujours; il eut pour les crimes de Néron des faiblesses coupables, qu'il expia par une mort volontaire, en 65. — Ses principaux ouvrages sont : le traité de la *Colère*, les *Consolations à Helvia, à Polybe, à Marcia*; le traité de la *Providence* et les *Lettres à Lucilius*.

De la colère.

Quelques sages ont défini la colère une courte démence, car, comme la démence, elle ne se maîtrise point, oublie toute bienséance, méconnaît toute affection, opiniâtre, acharnée à son but, sourde aux conseils et à la raison, celle que de vains motifs soulèvent, incapable de discerner le juste et le vrai, exacte image de ces ruines croulantes qui n'écrasent qu'en se brisant. Pour te convaincre que l'homme ainsi dominé n'a plus de raison, observe l'attitude de toute sa personne : de même que la folie furieuse a pour infaillibles symptômes le visage audacieux et menaçant, le front sinistre[2], l'air farouche, la démarche pré-

---

1. Voir plus haut, page 22.2. De mauvais augure, menaçant.

cipitée, des mains qui se crispent, un teint bouleversé, et ces soupirs fréquents qu'elle pousse avec effort, tel paraît l'homme dans la colère. Ses yeux s'enflamment, étincellent, toute sa face devient pourpre, tout le sang, chassé de son cœur, bout et monte avec violence; ses lèvres tremblent, ses dents se serrent, ses cheveux se dressent et se hérissent; sa respiration est comprimée et sifflante; on entend se tordre et craquer les articulations de ses membres; il gémit, il mugit; sa parole s'embarrasse de sons entrecoupés; à tout instant ses mains se frappent, ses pieds battent la terre; toute son allure est désordonnée; tout son être exhale la menace; hideux et repoussant aspect de l'homme qui gonfle et dégrade sa noble figure. On doute alors si un tel vice n'est pas plus difforme encore que haïssable. Les autres peuvent se cacher, se nourrir en secret; la colère se fait jour, se produit sur le visage, et plus elle est forte, plus elle bouillonne et se manifeste. Ne vois-tu pas tous les animaux trahir leurs mouvements hostiles par des signes précurseurs? Tous leurs membres sortent de leur calme, de leur attitude ordinaire, et leur instinct cruel s'exalte de plus en plus. Le sanglier écume; il aiguise ses défenses contre des corps durs; le taureau frappe l'air de ses cornes et fait voler le sable sous ses pieds; le lion pousse de sourds rugissements; le cou du serpent se gonfle de courroux; le chien, atteint de la rage, a un aspect sinistre. Il n'est point d'animal si terrible, si malfaisant de sa nature qui ne montre, dès que la colère l'a saisi, un nouveau degré de férocité.

De la colère, livre Ier, traduction Baillard.

LUCAIN

Lucain, né à Cordoue (Espagne) l'an 39, mort l'an 65, était neveu du philosophe Sénèque. Il a fait en vers le récit des événements qui amenèrent César au pouvoir, sur les ruines de la République. Son poème, brillant d'éloquence et d'imagination, mais souvent déclamatoire, a pour titre la *Pharsale*, nom de la bataille dans laquelle César défit son rival Pompée.

La guerre civile.

O destins! quel jour que celui où Marius[1] força nos murailles! Comme la mort cruelle accourut à grands pas.

La noblesse tombe avec le peuple; le glaive se promène au loin; aucune poitrine ne peut détourner le fer. Le sang inonde les temples[2], et le pied glisse sur leurs marches humides rougies par tant de massacres. L'âge ne sauve personne; sans pitié pour le vieillard dont les ans s'achèvent, le fer hâte sa dernière heure, et tranche au seuil de l'existence la vie naissante de l'enfant. Et par quels crimes ces pauvres petits ont-ils mérité le trépas? Ils peuvent mourir : c'est assez. Fureur délirante et sans frein! C'est perdre du temps que de chercher un coupable. On égorge pour entasser des cadavres. Le vainqueur sanglant arrache des têtes à des troncs inconnus; il rougirait de marcher la main vide. Le seul espoir de salut est de pouvoir imprimer des lèvres tremblantes sur sa main souillée. Peuple avili!

Le Pharsale.

TACITE

Né vers 54 après J.-C., Tacite a écrit l'histoire de son temps, *Histoire, Annales, Vie d'Agricola, la Germanie*. Il était du nombre de ces hommes de bien qui ont honoré l'humanité au milieu des crimes et des hontes de cette triste époque. Tacite est un observateur habile à démêler et à décrire les motifs secrets des actions humaines. Son génie voit tout, et son honnêteté ne cache rien.

1. Général romain, qui usurpa le pouvoir, au prix de la guerre civile.
2. Dans l'antiquité, les temples étaient des lieux sacrés; on devait épargner ceux qui s'y réfugiaient pour se mettre sous la protection des Dieux.

La tyrannie et la vertu.

MORT DE THRASÉAS.

Après avoir massacré tant d'hommes distingués, Néron voulut à la fin exterminer la vertu même, en immolant Pétus Thraséas [1]... Il fut accusé devant le sénat... Au jour fixé pour le jugement, deux cohortes prétoriennes [2] sous les armes investirent le temple de Vénus Génitrix [3]; un gros d'hommes en toge [4], avec des épées qu'ils ne cachaient même pas, assiégeait l'entrée du sénat [5]; enfin des pelotons de soldats étaient distribués sur les places et dans les basiliques [6]. Ce fut en essuyant les menaces et les regards de ces satellites [7], que les sénateurs se rendirent au conseil... Thraséas fut condamné... Il était alors dans ses jardins, où le questeur [8] du consul [9] lui fut envoyé sur le déclin du jour. Il avait réuni un cercle nombreux d'hommes et de femmes distingués, et il s'entretenait particulièrement avec Démétrius, philosophe de l'école cynique. A en juger par l'expression de sa figure, et quelques mots prononcés un peu plus haut que le reste, il s'occupait de questions sur la nature de l'âme et sa séparation d'avec le corps; lorsque Domitius Cécilianus, un de ses intimes amis, arrive et lui expose ce que vient d'ordonner le sénat. A cette nouvelle, tous pleurent, tous gémissent; Thraséas les presse de s'éloigner au plus tôt, et

1. Sénateur romain, qui protesta plus d'une fois contre la tyrannie de Néron.

2. Cohorte, subdivision de la légion romaine, comme chez nous, le bataillon est une subdivision du régiment. Les prétoriens étaient les soldats préposés à la garde de l'empereur.

3. Vénus, la déesse de la beauté et de l'amour, chez les anciens. Elle était adorée, suivant les lieux, sous différents surnoms; *Génitrix* en est un.

4. Vêtement des romains; sorte de robe qui se portait par-dessus la tunique.

5. Du lieu où le sénat tenait séance.

6. Temples.

7. Un satellite est un astre qui gravite autour d'un autre astre; ainsi la lune est un satellite de la terre. Par extension, on appelle satellite tout homme qui est entièrement aux ordres d'un autre homme, et n'a plus de volonté.

8. Les questeurs étaient des magistrats chargés de l'administration des finances.

9. Les consuls étaient deux magistrats annuels qui exerçaient l'autorité suprême dans la république romaine. Sous l'empire, la fonction fut supprimée, mais le titre demeura.

de ne pas lier imprudemment leur fortune à celle d'un condamné. Arria[1] voulait, à l'exemple de sa mère, partager le destin de son époux : il la conjura de vivre et de ne pas ravir à leur fille son unique soutien.

Puis il s'avance sous le portique de sa maison, où arriva bientôt le questeur. Il le reçut d'un air presque joyeux, parce qu'il venait d'apprendre que son gendre, Helvidius, n'était que banni d'Italie. Quand on lui eut remis l'arrêt du sénat, il fit entrer Helvidius et Démétrius dans sa chambre, et présenta au fer ses deux bras à la fois[2]. Aussitôt que le sang coula, il en répandit sur la terre, et, priant le questeur d'approcher : « Faisons, dit-il, cette libation[3] à Jupiter Libérateur. Regarde, jeune homme, et puissent les dieux détourner ce présage ! Mais tu es né dans des temps où il convient de fortifier son âme par des exemples de fermeté. »

Annales, livre XVI, traduction Burnouf.

JUVÉNAL

Contemporain des règnes abominables de Caligula, de Claude, de Néron, de Vitellius, de Domitien (premier siècle de l'ère chrétienne), Juvénal a flétri dans ses *Satires,* avec une indignation éloquente, les hontes et les turpitudes de son temps.

La conscience.

Un Spartiate[4] vint un jour au temple d'Apollon[5] pour savoir s'il pouvait s'approprier un dépôt et couvrir ce vol

---

1. Femme de Thraséas ; sa mère était femme de Cæcina Pætus, qui fut condamné à mort par l'empereur Claude. Elle s'enfonça un poignard dans le sein, et le présenta ensuite à son mari en disant : « Cela ne fait pas de mal. »

2. On lui ouvrit les veines et les artères des bras ; genre de mort usité pendant la terreur de Claude et de Néron.

3. Faire une libation, c'était verser à terre quelque liqueur en l'honneur des Dieux. Voir plus haut, la mort de Socrate, p. 13.

4. Habitant de Sparte, ville de la Grèce antique.

5. Apollon, un des dieux de la mythologie grecque, était réputé rendre des oracles par la bouche de ses prêtres et de ses prêtresses.

d'un faux serment ; il voulait connaître la pensée du dieu, et ce qu'Apollon lui conseillerait. La prêtresse lui répondit qu'il serait puni rien que pour avoir hésité. L'homme rendit le dépôt, mais par peur, non par conscience. Son châtiment vint justifier l'oracle et en attester le caractère sacré ; le malheureux périt avec tous ses enfants, avec sa famille et ses parents les plus éloignés [1].

Ainsi les dieux punissent la seule intention de mal faire ; car l'homme, qui dans le silence de son âme, médite un crime, est déjà criminel. Mais quand il l'a consommé, oh ! c'est alors qu'une éternelle inquiétude l'agite, le poursuit, même à l'heure des festins : sa gorge, sèche comme dans la fièvre, laisse s'accumuler dans sa bouche les aliments qu'il n'avale qu'avec peine ; le vin lui répugne, il le rejette, même celui d'Albe dont la vieillesse a tant de prix. Offre-lui un vin plus exquis encore, son front se ride de dégoût comme s'il buvait du Falerne [2] ayant gardé son âpreté. La nuit, si les angoisses lui laissent enfin un moment de sommeil, si, après s'être longtemps retourné dans son lit, il finit par se reposer, aussitôt dans ses rêves lui apparaissent le temple, l'autel du dieu qu'a profané son parjure. Mais une chose surtout vient répandre dans tout son être comme une sueur glaciale : armée d'une sorte d'épouvante religieuse et sous des proportions surhumaines, l'image de son crime le poursuit et lui en arrache l'aveu. Voilà les gens qu'on voit toujours trembler et pâlir au moindre éclair, anéantis de terreur au bruit du tonnerre, au premier grondement du ciel. *Satires*, XIII.

1. Les Grecs croyaient que la colère des dieux s'étendait au delà du coupable, sur ses enfants et sa famille, croyance immorale, contraire au principe de la responsabilité individuelle.

2. Vin fameux chez les Romains.

LITTÉRATURE FRANÇAISE

Origines et premiers âges de la littérature française.

La langue française est née vers le sixième siècle après Jésus-Christ. Elle sortit de la langue latine qui avait été importée dans les Gaules par les soldats de César. Pendant longtemps elle fut une langue vulgaire, sans usage littéraire. C'est seulement vers le neuvième siècle que les poètes connus sous le nom de trouvères, au nord de la Loire, de troubadours, au sud, commencèrent à s'en servir dans les poèmes d'amour et de guerre qu'ils allaient chantant par les châteaux des seigneurs.

Du onzième au quatorzième siècle, elle produit des œuvres plus importantes et plus variées : les *Chansons de geste* [1], sortes de poèmes épiques, dont les héros, Roland, le roi Arthur, les quatre fils Aymon, étaient empruntés à l'histoire et à la légende nationales ; — les *fabliaux*, ou petites fables, petits contes en vers, spirituels et légers ; — les *mystères*, drames religieux, où de pieux acteurs représentaient les scènes principales de l'Evangile et de la vie des saints ; — enfin les premiers essais d'histoire, le *Récit de la deuxième Croisade et la prise de Constantinople* de Villehardouin, et les *Mémoires* [2] du sire de Joinville.

Au quatorzième et au quinzième siècles, le mouvement

1. *Geste*, vieux mot qui signifiait action d'éclat, exploits.

2. On appelle *Mémoires* le récit d'événements dont l'auteur a été témoin.

littéraire se ralentit. L'activité intellectuelle s'épuise dans la *Scolastique*[1], philosophie sans liberté, qui se bornait à interpréter les ouvrages d'Aristote, sous la surveillance sévère de l'Eglise. On rencontre cependant, dans cette période, les *farces* et les *sotties*[2] premières ébauches de la comédie française, les *Chroniques* de Froissart, l'*Histoire* de Commines, les poésies d'Olivier Basselin et de Pierre Gringoire.

Avec le seizième siècle, notre littérature, en possession d'une langue déjà riche, prend un élan incomparable. Trois faits y contribuent : la réforme religieuse de Luther et de Calvin, qui excite la liberté des âmes, et provoque des luttes passionnées dans les esprits ; la découverte de l'imprimerie, qui permet aux idées de se répandre au loin par le livre ; enfin la connaissance plus complète des chefs-d'œuvre de la Grèce et de Rome, qui offre aux écrivains, avec des sujets d'émulation, des modèles longtemps inconnus.

Parmi les grands écrivains du seizième siècle, citons :

Le groupe des protestants : Calvin, écrivain sévère ; Théodore de Bèze, le traducteur des psaumes de David ; Agrippa d'Aubigné, l'auteur d'une *Histoire Universelle*, et du poème des *Tragiques*, mâle peinture des maux de ce temps agité par les guerres religieuses ;

— Le groupe des penseurs indépendants : Rabelais, auteur du *Pantagruel*, œuvre unique en son genre, mélange de bouffonneries grossières et de pensées profondes, où se reflète tout le seizième siècle ; Montaigne, qui, dans ses *Essais*, étudie l'homme avec une finesse pénétrante ; La Boétie, Charron, le chancelier de l'Hôpital.

A l'histoire se rattachent les Mémoires de Brantôme et ceux de Montluc.

L'érudition, l'étude des langues et des littératures anciennes sont représentées par Budée, Étienne Dolet, les Scaliger et Henri Estienne.

---

1. Vient d'un mot latin qui signifie école.

2. *Sotties*, espèces de comédies, jouées par des acteurs dont le chef se faisait appeler le prince des sots.

Dans la poésie, deux écoles célèbres se partagent la faveur publique, celle de Marot, et celle de Ronsard.

Marot continue avec esprit et élégance la vieille tradition gauloise.

Ronsard, vaste et aventureux génie, entreprend d'enrichir la langue en y faisant passer nombre de mots empruntés au grec et au latin. Autour de lui se groupent, comme autour d'un astre central, les poètes de la *Pléiade*, du Bellay, Rémy Belleau, Baïf, Jodelle enfin, l'auteur de la première tragédie française imitée des Grecs.

MONTAIGNE

Michel de Montaigne, né en 1533 au château de Montaigne (Périgord), mort en 1592, fut un des écrivains les plus originaux du seizième siècle. Sa vie se passa sans grands événements ; après avoir été conseiller au parlement de Bordeaux, il devint maire de cette ville. Il a écrit un long ouvrage, intitulé *Essais*. C'est une sorte de conversation écrite, pleine de charme, de finesse et d'abandon, sur tous les sujets possibles, philosophie, littérature, histoire, morale. Sur chaque chose, Montaigne dit le pour et le contre, le plus souvent sans conclure. *Que sais-je ?* est sa maxime favorite.

L'amitié.

Ce que nous appelons ordinairement amis et amitiés, ce ne sont qu'accointances [1] et familiarités nouées par quelque occasion ou commodité, par le moyen de laquelle nos âmes s'entretiennent [2]. En l'amitié de quoi [3] je parle elles se mêlent et confondent l'une et l'autre d'un mélange si universel [4] qu'elles effacent et ne retrouvent plus la couture qui les a jointes. Si on me presse de dire pourquoi je l'aimais, je sens que cela ne se peut exprimer qu'en répondant : «Parce que c'était lui ; parce que c'était moi [5].» Il y

1. Fréquentations.
2. Tiennent l'une à l'autre.
3. De laquelle.

4. Total, complet.
5. L'ami dont parle Montaigne est Etienne de la Boétie, conseiller au

a, au delà de tout mon discours et de ce que j'en puis dire particulièrement, je ne sais quelle force inexplicable et fatale[1], médiatrice de cette union[2]. Nous nous cherchions avant que de nous être vus, et par des rapports que nous oyions[3] l'un de l'autre, qui faisaient en notre affection plus d'effort que ne porte la raison des rapports[4] ; je crois par quelque ordonnance du ciel[5]. Nous nous embrassions par nos noms[6] : et à notre première rencontre, qui fut par hasard en une grande fête et compagnie de ville, nous nous trouvâmes si près, si connus, si obligés[7] entre nous, que rien dès lors ne nous fut si proche que l'un à l'autre. Il écrivit une satire latine excellente, qui est publiée, par laquelle il excuse et explique la précipitation de notre intelligence si promptement parvenue à sa perfection. Ayant si peu à durer[8] et ayant si tard commencé, car nous étions tous deux hommes faits, et lui plus de quelques années[9], elle n'avait point à perdre temps ; et n'avait à se régler au patron des amitiés molles et régulières, auxquelles il faut tant de précautions de longue et préalable conversation. Cette-ci[10] n'a point d'autre idée que d'elle-même et ne se peut rapporter qu'à soi : ce n'est pas une spéciale considération, ni deux, ni trois, ni quatre, ni mille ; c'est je ne sais quelle quintessence[11] de tout ce mélange, qui, ayant saisi toute ma volonté, l'amena se plonger et se perdre en la sienne, qui ayant saisi toute sa volonté l'amena se plonger et se perdre en la mienne, d'une faim, d'une concurrence pareille[12] : je dis perdre à la vérité, ne nous réservant rien qui nous fût propre, ni qui fût ou sien ou mien.

Essais, liv. Ier, ch. XXVII.

parlement de Bordeaux, auteur d'un ouvrage célèbre, *la Servitude volontaire*.

1. Qui s'impose.

2. Qui accomplit, qui est intermédiaire.

3. Entendions.

4. Que ne le font d'ordinaire les rapports.

5. Phrase elliptique, qui signifie, je crois que cela arrivait par quelque ordre venu du ciel.

6. C'est-à-dire : Nous étions déjà amis alors que nous ne savions l'un de l'autre que nos noms.

7. Liés ; sens étymologique du mot *obliger*.

8. La Boétie mourut à l'âge de 33 ans.

9. Forme elliptique : et lui l'était plus que moi de quelques années.

10. Celle-ci.

11. Ce qu'il y a de plus pur dans une chose.

12. Leurs deux âmes couraient ensemble vers le même but.

MALHERBE

François de Malherbe, né à Caen en 1555, mort en 1628, fut un des réformateurs de la langue et de la poésie françaises au seizième siècle. Ronsard et d'autres poètes avaient voulu enrichir la langue en y introduisant des mots grecs et latins aux désinences françaises. Malherbe réagit contre ce que cette tentative avait d'excessif. En même temps il astreignit la poésie aux règles d'un goût plus sévère.

Vanité des grandeurs.

N'espérons plus, mon âme, aux promesses du monde;
Sa lumière est un verre [1], et sa faveur une onde [2]
Que toujours quelque vent empêche de calmer.
Quittons ces vanités, lassons-nous de les suivre;
    C'est Dieu qui nous fait vivre,
    C'est Dieu qu'il faut aimer.

En vain pour satisfaire à nos lâches envies,
Nous passons près des rois tout le temps de nos vies
A souffrir des mépris et ployer les genoux.
Ce qu'ils peuvent n'est rien; ils sont comme nous sommes,
    Véritablement hommes,
    Et meurent comme nous.

Ont-ils rendu l'esprit, ce n'est plus que poussière
Que cette majesté si pompeuse et si fière
Dont l'éclat orgueilleux étonne l'univers;
Et dans ces grands tombeaux, où leurs âmes hautaines
    Font encore les vaines,
    Ils sont mangés des vers.

Là se perdent ces noms de maîtres de la terre,
D'arbitres de la paix, de foudres de la guerre;

1. Fragile comme le verre. | 2. Inconstante comme l'onde.

Comme ils n'ont plus de sceptre, ils n'ont plus de flatteurs;
Et tombent avec eux d'une chute commune
    Tous ceux que leur fortune
    Faisait leurs serviteurs.

Paraphrase du psaume 155.

DESCARTES

René Descartes, philosophe français, né à la Haye (Touraine) en 1596, mort à Stockholm (Suède) en 1650. Dès sa jeunesse il entreprit de réformer la philosophie et les sciences sans recourir à d'autres lumières que celles de sa raison. Il découvrit, pour la recherche de la vérité, une mé-

Descartes.

thode nouvelle, qui consiste à n'admettre pour vrai que ce qui est évident. Il se rendit célèbre autant par ses découvertes dans les sciences mathématiques et physiques, que par sa philosophie. Ses principaux ouvrages sont le *Discours de la méthode*, les *Méditations* et les *Principes*.

La fermeté et la résolution.

Ma seconde maxime était d'être le plus ferme et le plus résolu en mes actions que je pourrais, et de ne suivre pas moins constamment les opinions les plus douteuses, lorsque je m'y serais une fois déterminé que si elles eussent été très assurées : imitant en ceci les voyageurs qui, se trouvant égarés en quelque forêt, ne doivent pas errer en tournoyant tantôt d'un côté, tantôt d'un autre, ni encore moins s'arrêter en une place, mais marcher toujours le plus droit qu'ils peuvent vers un même côté, et ne le changer point pour de faibles raisons, encore que ce n'ait peut-être été au commencement que le hasard seul qui les ait déterminés à le choisir ; car, par ce moyen, s'ils ne vont justement où ils désirent, ils arriveront au moins à la fin quelque part où vraisemblablement ils seront mieux que dans le milieu d'une forêt. Et ainsi les actions de la vie ne souffrant souvent aucun délai, c'est une vérité très certaine que, lorsqu'il n'est pas en notre pouvoir de discerner les plus vraies opinions, nous devons suivre les plus probables ; et même qu'encore que nous ne remarquions point davantage de probabilité aux unes qu'aux autres, nous devons néanmoins nous déterminer à quelques-unes, et les considérer après, non plus comme douteuses en tant qu'elles se rapportent à la pratique, mais comme très vraies et très certaines, à cause que la raison qui nous y a fait déterminer se trouve telle. Et ceci fut capable dès lors de me délivrer de tous les repentirs et les remords qui ont coutume d'agiter les consciences de ces esprits faibles et chancelants qui se laissent aller inconstamment à pratiquer comme bonnes les choses qu'ils jugent après être mauvaises.

Ma troisième maxime était de tâcher toujours plutôt à me vaincre que la fortune, et à changer mes désirs que l'ordre du monde, et généralement de m'accoutumer à croire qu'il n'y a rien qui soit entièrement en notre pouvoir que nos pensées, en sorte qu'après que nous avons fait notre

mieux touchant les choses qui nous sont extérieures[1],
tout ce qui manque de nous réussir est au regard de
nous[2] absolument impossible,

Discours de la Méthode, 3e partie.

CORNEILLE

Pierre Corneille, né à Rouen en 1606, mort en 1684, est
le plus grand des poètes tragiques français. Nous avons vu
qu'au moyen âge, au lieu de tragédies, on jouait des *mystères*, pièces où de pieux acteurs représentaient les principales scènes de l'Écriture sainte, entre autres la *Passion de
Jésus-Christ*. Plus tard, Jodelle, et après lui Garnier et

Corneille.

Rotrou écrivirent de véritables tragédies, à l'imitation des
Grecs. Mais c'est seulement avec Corneille que ce genre littéraire devait retrouver tout son éclat. Les personnages du

---

1. Qui ne dépendent pas de nous. | 2. Par rapport à nous.

théâtre de Corneille, empruntés tantôt à l'histoire de l'antiquité, *Cinna, Horace, Sertorius, Pompée*, tantôt à l'histoire du christianisme, *Polyeucte*, tantôt aux légendes de l'Espagne, le *Cid*, ont pour caractère essentiel l'héroïsme et la sublimité des sentiments. Ils nous montrent, non ce que nous sommes, mais ce que nous devrions être. En ce sens, le théâtre de Corneille est une école de vertu. — Corneille a composé aussi une comédie, le *Menteur*, qui est un modèle du genre.

L'amour et le devoir.

Rodrigue aime Chimène; le père de Rodrigue, don Diègue, est insulté par le père de Chimène, don Gormas. Placé entre son amour et son devoir de réparer l'atteinte portée à l'honneur de son père, trop vieux pour la réparer lui-même, Rodrigue n'hésite pas; il provoque don Gormas et le tue. C'est maintenant pour Chimène un devoir de venger la mort de son père. Ce devoir, elle le poursuit vaillamment, sans cependant renoncer à son amour pour Rodrigue.

ACTE III, SCÈNE IV.

D. RODRIGUE, CHIMÈNE, ELVIRE.

D. RODRIGUE.

Hé bien, sans vous donner la peine de poursuivre,
Assurez-vous l'honneur de m'empêcher de vivre.

CHIMÈNE.

Elvire, où sommes-nous? et qu'est-ce que je voi?
Rodrigue en ma maison! Rodrigue devant moi!

D. RODRIGUE.

N'épargnez point mon sang, goûtez sans résistance
La douceur de ma perte et de votre vengeance.

CHIMÈNE.

Hélas!

D. RODRIGUE.

Écoute-moi.

CHIMÈNE.

Je me meurs.

D. RODRIGUE.

Un moment.

CHIMÈNE.

Va, laisse-moi mourir.

D. RODRIGUE.

Quatre mots seulement,
Après, ne me réponds qu'avecque cette épée.

CHIMÈNE.

Quoi! du sang de mon père encor toute trempée!

D. RODRIGUE.

Ma Chimène!

CHIMÈNE.

Ote-moi cet objet odieux,
Qui reproche ton crime et ta vie à mes yeux.

D. RODRIGUE.

Regarde-le plutôt pour exciter ta haine,
Pour croître ta colère, et pour hâter ma peine.

CHIMÈNE.

Il est teint de mon sang.

D. RODRIGUE.

Plonge-le dans le mien,
Et fais-lui perdre ainsi la teinture du tien.

CHIMÈNE.

Ah! quelle cruauté, qui tout en un jour tue
Le père par le fer, la fille par la vue!
Ote-moi cet objet, je ne le puis souffrir;
Tu veux que je t'écoute, et tu me fais mourir!

D. RODRIGUE.

Je fais ce que tu veux, mais sans quitter l'envie
De finir par tes mains ma déplorable vie;
Car enfin n'attends pas de mon affection
Un lâche repentir d'une bonne action.
L'irréparable effet d'une chaleur trop prompte
Déshonorait mon père et me couvrait de honte,
Tu sais comme un soufflet touche un homme de cœur[1];
J'avais part à l'affront, j'en ai cherché l'auteur.
Je l'ai vu, j'ai vengé mon honneur, et mon père,
Je le ferais encor, si j'avais à le faire.

1. Le comte de Gormas avait souffleté don Diègue.

Ce n'est pas qu'en effet contre mon père et moi
Ma flamme assez longtemps n'ait combattu pour toi ;
Juge de son pouvoir. Dans une telle offense
J'ai pu douter [1] encor si j'en prendrais vengeance.
Réduit à te déplaire, ou souffrir un affront,
J'ai retenu ma main, j'ai cru mon bras trop prompt,
Je me suis accusé de trop de violence :
Et ta beauté sans doute emportait la balance,
A moins que d'opposer à tes plus forts appas
Qu'un homme sans honneur ne te méritait pas ;
Que malgré cette part que j'avais en ton âme,
Qui m'aima généreux, me haïrait infâme ;
Qu'écouter ton amour, obéir à sa voix,
C'était m'en rendre indigne, et diffamer [2] ton choix.
Je te le dis encore, et veux, tant que j'expire [3],
Sans cesse le penser, et sans cesse le dire ;
Je t'ai fait une offense, et j'ai dû m'y porter,
Pour effacer ma honte, et pour te mériter ;
Mais quitte envers l'honneur, et quitte envers mon père,
C'est maintenant à toi que je viens satisfaire ;
C'est pour t'offrir mon sang qu'en ce lieu tu me vois :
J'ai fait ce que j'ai dû, je fais ce que je dois.
Je sais qu'un père mort t'arme contre mon crime,
Je ne t'ai pas voulu dérober ta victime :
Immole avec courage au sang qu'il a perdu
Celui qui met sa gloire à l'avoir répandu.

CHIMÈNE.

Ah, Rodrigue ! il est vrai, quoique ton ennemie,
Je ne te puis blâmer d'avoir fui l'infamie ;
Et de quelque façon qu'éclatent mes douleurs,
Je ne t'accuse point, je pleure mes malheurs.
Je sais ce que l'honneur après un tel outrage
Demandait à l'ardeur d'un généreux courage ;
Tu n'as fait le devoir que d'un homme de bien,
Mais aussi, le faisant, tu m'as appris le mien.
Ta funeste valeur m'instruit par ta victoire ;

----

1. Hésiter.
2. Déshonorer.

3. Jusqu'à ce que j'expire.

Elle a vengé ton père, et soutenu ta gloire ;
Même soin me regarde, et j'ai pour m'affliger,
Ma gloire à soutenir, et mon père à venger.
Hélas ! ton intérêt ici me désespère [1] ;
Si quelque autre malheur m'avait ravi mon père,
Mon âme aurait trouvé dans le bien de te voir
L'unique allégement qu'elle eût pu recevoir ;
Et contre ma douleur j'aurais senti des charmes,
Quand une main si chère eût essuyé mes larmes.
Mais il me faut te perdre après l'avoir perdu ;
Cet effort sur ma flamme [2] à mon honneur est dû,
Et cet affreux devoir dont l'ordre m'assassine
Me force à travailler moi-même à ta ruine.
Car enfin n'attends pas de mon affection
De lâches sentiments pour ta punition :
De quoi qu'en ta faveur notre amour m'entretienne [3],
Ma générosité [4] doit répondre à la tienne ;
Tu t'es en m'offensant montré digne de moi,
Je me dois par ta mort montrer digne de toi.

D. RODRIGUE.

Ne diffère donc plus ce que l'honneur t'ordonne ;
Il demande ma tête, et je te l'abandonne ;
Fais-en un sacrifice à ce noble intérêt,
Le coup m'en sera doux aussi bien que l'arrêt.
Attendre après mon crime une lente justice,
C'est reculer ta gloire autant que mon supplice ;
Je mourrai trop heureux mourant d'un coup si beau.

CHIMÈNE.

Va, je suis ta partie [5], et non pas ton bourreau.
Si tu m'offres ta tête, est-ce à moi de la prendre ?
Je la dois attaquer, mais tu dois la défendre ;
C'est d'un autre que toi qu'il me faut l'obtenir ;
Et je dois te poursuivre, et non pas te punir.

---

1. Je suis désespérée d'avoir à te poursuivre.

2. On disait poétiquement la flamme de l'amour.

3. Quelque langage que notre amour me tienne en ta faveur.

4. Grandeur d'âme.

5. Partie adverse, celui qui plaide contre quelqu'un.

D. RODRIGUE.

De quoi qu'en ma faveur notre amour t'entretienne,
Ta générosité doit répondre à la mienne,
Et pour venger un père emprunter d'autres bras,
Ma Chimène, crois-moi, c'est n'y répondre pas.
Ma main seule du mien a su venger l'offense,
Ta main seule du tien doit prendre la vengeance.

CHIMÈNE.

Cruel, à quel propos sur ce point t'obstiner?
Tu t'es vengé sans aide, et tu m'en veux donner !
Je suivrai ton exemple, et j'ai trop de courage
Pour souffrir qu'avec toi ma gloire se partage.
Mon père et mon honneur ne veulent rien devoir
Aux traits de ton amour, ni de ton désespoir.

D. RODRIGUE.

Rigoureux point d'honneur ! Hélas ! quoi que je fasse,
Ne pourrai-je à la fin obtenir cette grâce?
Au nom d'un père mort, ou de notre amitié,
Punis-moi par vengeance, ou du moins par pitié ;
Ton malheureux amant aura bien moins de peine
A mourir par ta main, qu'à vivre avec ta haine.

CHIMÈNE.

Va, je ne te hais point.

D. RODRIGUE.
Tu le dois.

CHIMÈNE.
Je ne puis.

D. RODRIGUE.

Crains-tu si peu le blâme, et si peu les faux bruits?
Quand on saura mon crime et que ta flamme dure,
Que ne publieront point l'envie et l'imposture?
Force-les au silence, et, sans plus discourir,
Sauve ta renommée en me faisant mourir.

CHIMÈNE.

Elle éclate bien mieux en te laissant la vie,
Et je veux que la voix de la plus noire envie
Élève au ciel ma gloire, et plaigne mes ennuis,
Sachant que je t'adore, et que je te poursuis.

Va-t'en, ne montre plus à ma douleur extrême
Ce qu'il faut que je perde, encore que je l'aime ;
Dans l'ombre de la nuit cache bien ton départ :
Si l'on te voit sortir, mon honneur court hasard ;
La seule occasion qu'aura la médisance,
C'est de savoir qu'ici j'ai souffert ta présence ;
Ne lui donne point lieu d'attaquer ma vertu.

D. RODRIGUE.

Que je meure.

CHIMÈNE.

    Va-t'en.

D. RODRIGUE.

        A quoi te résous-tu ?

CHIMÈNE.

Malgré des feux si beaux qui troublent ma colère,
Je ferai mon possible à bien venger mon père ;
Mais, malgré la rigueur d'un si cruel devoir,
Mon unique souhait est de ne rien pouvoir.

D. RODRIGUE.

O miracle d'amour !

CHIMÈNE.

    O comble de misères !

D. RODRIGUE.

Que de maux et de pleurs nous coûteront nos pères !

CHIMÈNE.

Rodrigue, qui l'eût cru !...

D. RODRIGUE.

    Chimène, qui l'eût dit !...

CHIMÈNE.

Que notre heur[1] fût si proche, et sitôt se perdît !...

D. RODRIGUE.

Et que si près du port, contre toute apparence,
Un orage si prompt brisât notre espérance !

CHIMÈNE.

Ah ! mortelles douleurs !

D. RODRIGUE.

    Ah ! regrets superflus !

1. Bonheur, mot vieilli.

CHIMÈNE.

Va-t'en, encore un coup, je ne t'écoute plus.

D. RODRIGUE.

Adieu, je vais traîner une mourante vie,
Tant[1] que par ta poursuite elle me soit ravie.

CHIMÈNE.

Si j'en obtiens l'effet[2], je t'engage ma foi
De ne respirer pas un moment après toi.

PASCAL

Blaise Pascal, né à Clermont en 1622, mort en 1662, fut
un des génies les plus extraordinaires de tous les temps.

Pascal.

Après avoir fait en physique et en géométrie de grandes découvertes, il se livra à la piété la plus austère, à la suite d'un
accident qui mit sa vie en danger. Lié avec les théologiens
les plus rigides de l'époque, il combattit, avec une éloquence
enflammée, la morale relâchée des Jésuites, dans les *Lettres*

1. Jusqu'à ce que.

2. C.-à-d. si ma poursuite aboutit
à ta mort.

provinciales. Il avait commencé un grand ouvrage, où il se proposait de montrer la vanité de la philosophie humaine et de démontrer la vérité du christianisme. Il mourut avant de l'avoir achevé. Les fragments qu'il en laissa furent publiés par ses amis sous le nom de *Pensées*.

L'homicide.

Il est certain, mes Pères [1], que Dieu seul a le droit d'ôter la vie, et que néanmoins, ayant établi des lois pour faire mourir les criminels, il a rendu les rois ou les républiques dépositaires de ce pouvoir... Mais comme c'est Dieu qui leur en a donné le droit, ils sont obligés de l'exercer ainsi qu'il le ferait lui-même, c'est-à-dire avec justice... Concevez donc, mes Pères, que, pour être exempt d'homicide, il faut agir tout ensemble et par l'autorité de Dieu, et selon la justice de Dieu... Voilà, mes Pères, les principes du repos et de la sûreté publics, qui ont été reçus dans tous les temps et dans tous les lieux, et sur lesquels tous les législateurs du monde, sacrés et profanes, ont établi leurs lois, sans que jamais les païens même aient apporté d'exception à cette règle, sinon lorsqu'on ne peut autrement éviter la perte de la pudicité et de la vie, parce qu'ils ont pensé qu'alors, comme dit Cicéron, les lois mêmes semblent offrir leurs armes à ceux qui sont dans une telle nécessité...

Dites-nous donc, mes Pères, par quelle autorité vous permettez ce que les lois divines et humaines défendent?... Qui vous a donné le pouvoir de dire, comme fait Molina, Réginaldus, Filiutius, Escobar, Lessius [2] et les autres : il est permis de tuer celui qui vient pour nous frapper ; et ailleurs : il est permis de tuer celui qui veut nous faire un affront? Par quelle autorité, vous qui n'êtes que des particuliers, donnez-vous le pouvoir de tuer aux particuliers, et aux religieux même? Et comment osez-vous usurper ce droit de vie et de mort, qui n'appartient essentiellement qu'à Dieu, et qui est la plus glorieuse marque de sa puissance souveraine?...

1. Les pères jésuites, auxquels Pascal s'adresse. | 2. Jésuites fameux.

N'ayez donc plus la hardiesse de dire que vos décisions sont conformes à l'esprit et aux canons[1] de l'Église. On vous défie d'en montrer aucun qui permette de tuer pour défendre son bien seulement; car je ne parle pas des occasions où on aurait à défendre aussi sa vie... On vous défie d'en montrer aucun qui permette de tuer pour l'honneur, pour un soufflet, pour une injure et une médisance. On vous défie d'en trouver aucun qui permette de tuer les témoins, les juges, les magistrats, quelque injustice qu'on en appréhende. L'esprit de l'Église est entièrement éloigné de ces maximes séditieuses, qui ouvrent la porte aux soulèvements, auxquels les peuples sont si naturellement portés. Elle a toujours enseigné à ses enfants qu'on ne doit pas rendre le mal pour le mal ; qu'il faut céder à la colère[2] ; ne point résister à la violence ; rendre à chacun ce qu'on lui doit, honneur, tribut, soumission ; obéir aux magistrats et aux supérieurs même injustes, parce qu'on doit toujours respecter en eux la puissance de Dieu, qui les a établis sur nous. Elle leur défend encore plus fortement que les lois civiles de se faire justice à eux-mêmes...

Enfin, mes Pères, pour qui voulez-vous qu'on vous prenne? pour des enfants de l'Évangile, ou pour des ennemis de l'Évangile? On ne peut être que d'un parti ou de l'autre : il n'y a point de milieu... Voyons, mes Pères, duquel de ces deux royaumes vous êtes... Écoutons le langage de votre école, et demandons à vos auteurs : quand on nous donne un soufflet, doit-on l'endurer plutôt que de tuer celui qui veut le donner ; ou bien, est-il permis de tuer pour éviter cet affront ? *Il est permis,* disent Lessius, Molina, Escobar, Réginaldus, Filiutius, Baldellus et autres jésuites, de tuer celui qui veut nous *donner un soufflet.* Est-ce là le langage de Jésus-Christ ?

XIVe Provinciale.

1. Règles ecclésiastiques.
2. Céder à ceux qui sont emportés par la colère.

LA ROCHEFOUCAULD

François de la Rochefoucauld, prince de Marsillac, né à Paris en 1613, mort en 1680, joua un rôle important dans les troubles de la Fronde. L'ouvrage qui a rendu son nom célèbre est intitulé *Maximes*; c'est un recueil de sentences et de réflexions morales, d'une forme vive et précise, d'un caractère chagrin, où toutes les actions humaines sont ramenées à l'égoïsme.

L'intrépidité.

La parfaite valeur est de faire sans témoins ce qu'on serait capable de faire devant tout le monde.

L'intrépidité est une force extraordinaire de l'âme, qui l'élève au-dessus des troubles, des désordres et des émotions que la vue des grands périls pourrait exciter en elle; c'est par cette force que les héros se maintiennent en un état paisible, et conservent l'usage libre de leur raison dans les accidents les plus surprenants et les plus terribles.

———

LA FONTAINE

Jean de La Fontaine, né à Château-Thierry en 1621, mort en 1695, porta à la perfection la fable qu'avaient créée, dans l'antiquité, Ésope chez les Grecs, Phèdre chez les Latins. Chez lui, la fable n'est plus simplement une moralité tirée d'un récit; elle devient, comme il le dit lui-même, une ample comédie à cent actes divers. Aucun écrivain n'a dépassé La Fontaine par le naturel et la variété.

L'union fait la force.

Toute puissance est faible à moins que d'être unie :
Écoutez là-dessus l'esclave de Phrygie [1].

1. Ésope, fabuliste grec, qui était esclave; il était né en Phrygie.

Si j'ajoute du mien à son invention [1],
C'est pour peindre nos mœurs, et non point par envie ;
Je suis trop au-dessous de cette ambition.
Phèdre [2] enchérit souvent par un motif de gloire ;
Pour moi, de tels pensers me seraient malséants.
Mais venons à la fable, ou plutôt à l'histoire
De celui qui tâcha d'unir tous ses enfants.

Un vieillard prêt d'aller où la mort l'appelait :
« Mes chers enfants, dit-il (à ses fils il parlait),
Voyez si vous romprez ces dards [3] liés ensemble ;
Je vous expliquerai le nœud qui les assemble. »
L'aîné les ayant pris, et fait tous ses efforts,
Les rendit en disant : « Je le donne au plus fort. »
Un second lui succède, et se met en posture ;
Mais en vain. Un cadet tente aussi l'aventure.
Tous perdirent leur temps ; le faisceau résista :
De ces dards joints ensemble un seul [4] ne s'éclata.
« Faibles gens, dit le père, il faut que je vous montre
Ce que ma force peut en semblable rencontre. »
On crut qu'il se moquait ; on sourit, mais à tort :
Il sépare les dards, et les rompt sans effort.
« Vous voyez, reprit-il, l'effet de la concorde :
Soyez joints, mes enfants ; que l'amour vous accorde. »
Tant que dura son mal, il n'eut autre discours.
Enfin se sentant prêt de terminer ses jours :
« Mes chers enfants, dit-il, je vais où sont nos pères ;
Adieu : promettez-moi de vivre comme frères ;
Que j'obtienne de vous cette grâce en mourant. »
Chacun de ses trois fils l'en assure en pleurant.
Il prend à tous les mains ; il meurt. Et les trois frères
Trouvent un bien fort grand, mais fort mêlé d'affaires.
Un créancier saisit, un voisin fait procès :
D'abord notre trio [5] s'en tire avec succès.
Leur amitié fut courte autant qu'elle était rare.

1. La Fontaine emprunte souvent les sujets de ses fables à Ésope et à Phèdre, fabuliste latin.
2. Sur Ésope.
3. Bâtons.
4. Pas un seul.
5. Ensemble de trois personnes.

Le sang les avait joints; l'intérêt les sépare :
L'ambition, l'envie, avec les consultants[1],
Dans la succession entrent en même temps.
On en vient au partage, on conteste, on chicane :
Le juge sur cent points tour à tour les condamne.
Créanciers et voisins reviennent aussitôt,
Ceux-là sur une erreur, ceux-ci sur un défaut[2].
Les frères désunis sont d'avis tout contraire :
L'un veut s'accommoder, l'autre n'en veut rien faire.
Tous perdirent leur bien et voulurent trop tard
Profiter[3] de ces dards unis et pris à part.

Le travail.

Travaillez, prenez de la peine :
C'est le fond qui manque le moins.

Un riche laboureur, sentant sa mort prochaine,
Fit venir ses enfants, leur parla sans témoins.
« Gardez-vous, leur dit-il, de vendre l'héritage
Que nous ont laissé nos parents :
Un trésor est caché dedans.
Je ne sais pas l'endroit; mais un peu de courage
Vous le fera trouver : vous en viendrez à bout.
Remuez votre champ dès qu'on aura fait l'août[4].
Creusez, fouillez, bêchez; ne laissez nulle place
Où la main ne passe et repasse. »
Le père mort, les fils vous retournent le champ,
Deçà, delà, partout; si bien qu'au bout de l'an
Il en rapporta davantage.
D'argent, point de caché. Mais le père fut sage
De leur montrer, avant sa mort,
Que le travail est un trésor.

1. Les avocats, ceux qui donnent
des consultations.
2. Défaut de procédure.
3. C'est-à-dire profiter de la leçon
donnée par ces dards.
4. La moisson qui se fait au mois
d'août; se prononce oût.

MOLIÈRE

Jean-Baptiste Poquelin, dit Molière, né à Paris en 1622, mort en 1673, est le plus grand des comiques français. D'abord comédien, il composa, pour sa troupe, des pièces légères ; bientôt il s'éleva à un genre plus sérieux. — Dans ses comédies, écrites les unes en vers, les autres en prose, il met en scène, non pas seulement les ridicules passagers de ses contemporains, mais les travers et les vices éternels de la nature humaine, l'avarice, dans l'*Avare* ; l'hypocrisie, dans le *Tartufe* ; le savoir faux et prétentieux, dans les *Femmes savantes* ; l'exagération de la franchise, dans le *Misanthrope*. Outre ces chefs-d'œuvre, ses principales comédies sont : l'*École des maris*, l'*École des femmes*, le *Bourgeois gentilhomme*, le *Malade imaginaire*.

La franchise.

PHILINTE, ALCESTE.

PHILINTE.

Qu'est-ce donc ? Qu'avez-vous ?

ALCESTE, *assis*.

Laissez-moi, je vous prie.

PHILINTE.

Mais encor, dites-moi quelle bizarrerie...

ALCESTE.

Laissez-moi là, vous dis-je, et courez vous cacher.

PHILINTE.

Mais on entend les gens au moins sans se fâcher.

ALCESTE.

Moi, je veux me fâcher, et ne veux point entendre.

PHILINTE.

Dans vos brusques chagrins je ne puis vous comprendre,
Et, quoique amis enfin, je suis tout des premiers...

ALCESTE, *se levant brusquement*.

Moi, votre ami ? Rayez cela de vos papiers.
J'ai fait jusques ici profession de l'être ;

Mais, après ce qu'en vous je viens de voir paraître,
Je vous déclare net que je ne le suis plus,
Et ne veux nulle place en des cœurs corrompus.

PHILINTE.

Je suis donc bien coupable, Alceste, à votre compte?

ALCESTE.

Allez, vous devriez mourir de pure honte;
Une telle action ne saurait s'excuser,
Et tout homme d'honneur s'en doit scandaliser.
Je vous vois accabler un homme de caresses,
Et témoigner pour lui les dernières tendresses;
De protestations, d'offres et de serments,
Vous chargez la fureur de vos embrassements;
Et, quand je vous demande après quel est cet homme,
A peine pouvez-vous dire comme il se nomme;
Votre chaleur pour lui tombe en vous séparant,
Et vous me le traitez, à moi, d'indifférent.
Morbleu! c'est une chose indigne, lâche, infâme,
De s'abaisser ainsi, jusqu'à trahir son âme;
Et si, par un malheur, j'en avais fait autant,
Je m'irais, de regret, pendre tout à l'instant.

PHILINTE.

Je ne vois pas, pour moi, que le cas soit pendable;
Et je vous supplierai d'avoir pour agréable
Que je me fasse un peu grâce sur votre arrêt,
Et ne me pende pas pour cela, s'il vous plaît.

ALCESTE.

Que la plaisanterie est de mauvaise grâce!

PHILINTE.

Mais sérieusement, que voulez-vous qu'on fasse?

ALCESTE.

Je veux qu'on soit sincère, et qu'en homme d'honneur,
On ne lâche aucun mot qui ne parte du cœur.

PHILINTE.

Lorsqu'un homme vous vient embrasser avec joie,
Il faut bien le payer de la même monnoie[1],

---

1. Vieille orthographe du mot *monnaie*.

Répondre, comme on peut, à ses empressements,
Et rendre offre pour offre, et serments pour serments.

ALCESTE.

Non, je ne puis souffrir cette lâche méthode
Qu'affectent la plupart de vos gens à la mode;
Et je ne hais rien tant que les contorsions
De tous ces grands faiseurs de protestations,
Ces affables donneurs d'embrassades frivoles,
Ces obligeants diseurs d'inutiles paroles,
Qui de civilités avec tous font combat,
Et traitent du même air l'honnête homme et le fat.
Quel avantage a-t-on qu'un homme vous caresse,
Vous jure amitié, foi, zèle, estime, tendresse,
Et vous fasse de vous un éloge éclatant,
Lorsqu'au premier faquin il court en faire autant?
Non, non, il n'est point d'âme un peu bien située,
Qui veuille d'une estime ainsi prostituée,
Et la plus glorieuse a des régals peu chers,
Dès qu'on voit qu'on nous mêle avec tout l'univers;
Sur quelque préférence une estime se fonde,
Et c'est n'estimer rien qu'estimer tout le monde.
Puisque vous y donnez, dans ces vices du temps,
Morbleu! vous n'êtes pas pour être de mes gens;
Je refuse d'un cœur la vaste complaisance
Qui ne fait de mérite aucune différence[1];
Je veux qu'on me distingue, et, pour le trancher net,
L'ami du genre humain n'est point du tout mon fait.

PHILINTE.

Mais, quand on est du monde, il faut bien que l'on rende
Quelques dehors civils que l'usage demande.

ALCESTE.

Non, vous dis-je, on devrait châtier sans pitié
Ce commerce honteux de semblants d'amitié.
Je veux que l'on soit homme, et qu'en toute rencontre,
Le fond de notre cœur dans nos discours se montre,

1. C'est-à-dire qui ne distingue pas entre les différents mérites.

Que ce soit lui qui parle, et que nos sentiments
Ne se masquent jamais sous de vains compliments.

PHILINTE.

Il est bien des endroits où la pleine franchise
Deviendrait ridicule, et serait peu permise;
Et parfois, n'en déplaise à votre austère honneur,
Il est bon de cacher ce qu'on a dans le cœur.
Serait-il à propos, et de la bienséance,
De dire à mille gens tout ce que d'eux on pense?
Et, quand on a quelqu'un qu'on hait ou qui déplaît,
Lui doit-on déclarer la chose comme elle est?

ALCESTE.

Oui.

PHILINTE.

Quoi! vous iriez dire à la vieille Émilie,
Qu'à son âge il sied mal de faire la jolie,
Et que le blanc qu'elle a scandalise chacun.

ALCESTE.

Sans doute.

PHILINTE.

A Dorilas qu'il est trop importun,
Et qu'il n'est à la cour, oreille qu'il ne lasse
A conter sa bravoure et l'éclat de sa race?

ALCESTE.

Fort bien.

PHILINTE.

Vous vous moquez.

ALCESTE.

Je ne me moque point,
Et je vais n'épargner personne sur ce point.

. . . .

PHILINTE.

Vous voulez un grand mal à la nature humaine.

ALCESTE.

Oui, j'ai conçu pour elle une effroyable haine.

PHILINTE.

Tous les pauvres mortels, sans nulle exception,

Seront enveloppés dans cette aversion ?
Encore en est-il bien, dans le siècle où nous sommes...

ALCESTE.

Non, elle est générale, et je hais tous les hommes :
Les uns, parce qu'ils sont méchants et malfaisants,
Et les autres, pour être aux méchants complaisants,
Et n'avoir pas pour eux ces haines vigoureuses
Que doit donner le vice aux âmes vertueuses.

Le Misanthrope, acte Ier, scène 1re.

L'avarice.

HARPAGON, MAITRE JACQUES, VALÈRE.

HARPAGON. — Valère, aide-moi à ceci. Ho ! çà, maître Jacques, approchez-vous, je vous ai gardé pour le dernier.

MAÎTRE JACQUES. — Est-ce à votre cocher, monsieur, ou à votre cuisinier, que vous voulez parler ? car je suis l'un et l'autre.

HARPAGON. — C'est à tous les deux.

MAÎTRE JACQUES. — Mais à qui des deux le premier ?

HARPAGON. — Au cuisinier.

MAÎTRE JACQUES. — Attendez donc, s'il vous plaît. (*Maître Jacques ôte sa casaque de cocher, et paraît vêtu en cuisinier.*)

HARPAGON. — Quelle diantre de cérémonie est-ce là ?

MAÎTRE JACQUES. — Vous n'avez qu'à parler.

HARPAGON. — Je me suis engagé, maître Jacques, à donner, ce soir, à souper.

MAÎTRE JACQUES (*à part*). — Grande merveille !

HARPAGON. — Dis-moi un peu, nous feras-tu bonne chère ?

MAÎTRE JACQUES. — Oui, si vous me donnez bien de l'argent.

HARPAGON. — Que diable, toujours de l'argent ! Il semble qu'ils n'aient autre chose à dire : de l'argent, de l'argent, de l'argent. Ah ! Ils n'ont que ce mot à la bouche : de l'argent ! Toujours parler d'argent ! Voilà leur épée de chevet [1], de l'argent.

VALÈRE. — Je n'ai jamais vu de réponse plus impertinente que celle-là. Voilà une belle merveille de faire bonne chère avec bien de l'argent ! c'est une chose la plus aisée du monde, et il n'y a si pauvre esprit qui n'en fît bien autant ; mais, pour agir en habile homme, il faut parler de faire bonne chère avec peu d'argent.

MAÎTRE JACQUES. — Bonne chère avec peu d'argent !

VALÈRE. — Oui.

MAÎTRE JACQUES, *à Valère*. — Par ma foi, monsieur l'intendant, vous nous obligerez de nous faire voir ce secret et de prendre mon office de cuisinier ; aussi bien, vous mêlez-vous céans [2] d'être le factotum [3].

HARPAGON. — Taisez-vous. Qu'est-ce qu'il nous faudra ?

MAÎTRE JACQUES. — Voilà monsieur votre intendant, qui vous fera bonne chère pour peu d'argent.

HARPAGON. — Haye ! je veux que tu me répondes.

MAÎTRE JACQUES. — Combien serez-vous de gens à table ?

HARPAGON. — Nous serons huit ou dix ; mais il ne faut prendre que huit. Quand il y a à manger pour huit, il y en a bien pour dix.

VALÈRE. — Cela s'entend.

MAÎTRE JACQUES. — Eh bien ! il faudra quatre grands potages et cinq assiettes... Potages... Entrées...

HARPAGON. — Que diable ! Voilà pour traiter toute une ville entière.

MAÎTRE JACQUES. — Rôt...

HARPAGON, *mettant la main sur la bouche de maître Jacques*. — Ah ! traître, tu manges tout mon bien !

MAÎTRE JACQUES. — Entremets...

HARPAGON, *mettant encore la main sur la bouche de maître Jacques*. — Encore ?

VALÈRE, *à maître Jacques*. — Est-ce que vous avez

<hr>

1. Poignard que l'on tenait la nuit à sa portée ; est pris ici au sens figuré.

2. Ici, dans la maison.

3. Qui fait tout.

envie de faire crever tout le monde, et monsieur a-t-il invité des gens pour les assassiner à force de mangeaille ? Allez-vous-en lire un peu les préceptes de la santé, et demander aux médecins s'il n'y a rien de plus préjudiciable à l'homme que de manger avec excès.

HARPAGON. — Il a raison.

VALÈRE. — Apprenez, maître Jacques, vous et vos pareils, que c'est un coupe-gorge qu'une table remplie de trop de viandes ; que, pour se bien montrer ami de ceux que l'on invite, il faut que la frugalité règne dans les repas qu'on donne, et que, suivant le dire d'un ancien, *il faut manger pour vivre, et non pas vivre pour manger*.

HARPAGON. — Ah ! que cela est bien dit ! Approche, que je t'embrasse pour ce mot. Voilà la plus belle sentence que j'aie entendue de ma vie : Il faut vivre pour manger et non pas manger pour vi... Non, ce n'est pas cela. Comment est-ce que tu dis ?

VALÈRE. — Qu'il faut manger pour vivre et non pas vivre pour manger.

HARPAGON, *à maître Jacques*. — Oui. Entends-tu ? (*à Valère*) Qui est le grand homme qui a dit cela ?

VALÈRE. — Je ne me souviens pas maintenant de son nom.

HARPAGON. — Souviens-toi de m'écrire ces mots : je les veux faire graver en lettres d'or sur la cheminée de ma salle.

VALÈRE. — Je n'y manquerai pas. Et, pour votre souper, vous n'avez qu'à me laisser faire ; je réglerai tout cela comme il faut.

HARPAGON. — Fais donc.

MAITRE JACQUES. — Tant mieux ! j'en aurai moins de peine.

HARPAGON, *à Valère*. — Il faudra de ces choses dont on ne mange guère, et qui rassasient d'abord ; quelque bon haricot bien gras, avec quelque pâté en pot bien garni de marrons.

VALÈRE. — Reposez-vous sur moi.

HARPAGON. — Maintenant, maître Jacques, il faut nettoyer mon carrosse.

MAÎTRE JACQUES. — Attendez ; ceci s'adresse au cocher. (*Maître Jacques remet sa casaque.*) Vous dites...

HARPAGON. — Qu'il faut nettoyer mon carrosse, et tenir mes chevaux tout prêts pour conduire à la foire.....

MAÎTRE JACQUES. — Vos chevaux, monsieur? Ma foi, ils ne sont point du tout en état de marcher. Je ne vous dirai point qu'ils sont sur la litière : les pauvres bêtes n'en ont point, et ce serait mal parler ; mais vous leur faites observer des jeûnes si austères, que ce ne sont plus rien que des idées ou des fantômes, des façons de chevaux.

HARPAGON. — Les voilà bien malades ! ils ne font rien.

MAÎTRE JACQUES. — Et pour ne rien faire, monsieur, est-ce qu'il ne faut rien manger ? Il leur vaudrait bien mieux, les pauvres animaux, de travailler beaucoup, de manger de même. Cela me fend le cœur de les voir ainsi exténués ; car, enfin, j'ai une tendresse pour mes chevaux, qu'il me semble que c'est moi-même, quand je les vois pâtir. Je m'ôte tous les jours pour eux les choses de la bouche ; et c'est être, monsieur, d'un naturel trop dur, que de n'avoir nulle pitié de son prochain.

HARPAGON. — Le travail ne sera pas grand, d'aller jusqu'à la foire.

MAÎTRE JACQUES. — Non, je n'ai pas le courage de les mener, et je ferais conscience de leur donner des coups de fouet, en l'état où ils sont. Comment voudriez-vous qu'ils traînassent un carrosse ? ils ne peuvent pas se traîner eux-mêmes.

VALÈRE. — Monsieur, j'obligerai le voisin Picard à se charger de les conduire ; aussi bien, nous fera-t-il ici besoin pour apprêter le souper.

MAÎTRE JACQUES. — Soit, j'aime mieux encore qu'ils meurent sous la main d'un autre que sous la mienne.

———

BOSSUET

Jacques-Bénigne Bossuet, né à Dijon en 1627, mort en 1704, fut successivement chanoine de Metz, évêque de Condom, précepteur du fils de Louis XIV et évêque de Meaux. Il écrivit, pour l'éducation de son élève, le *Traité de la connaissance de Dieu et de soi-même*, le *Discours sur l'his-*

Bossuet.

toire universelle, et la *Politique tirée de l'Écriture sainte*, où il s'efforce de justifier le pouvoir absolu que s'attribuaient les rois. Orateur large et puissant, il prononça, outre un grand nombre de *sermons*, des *oraisons funèbres*[1] qui sont des chefs-d'œuvre d'éloquence, entre autres celles de Henriette de France, reine d'Angleterre, de Henriette d'Angleterre, duchesse d'Orléans, et du grand Condé, dont il avait été l'ami.

---

1. L'oraison funèbre est une des formes de l'éloquence religieuse. C'est un discours prononcé à la mort d'un personnage, dont la vie sert d'illustration à une vérité tirée de l'Écriture sainte.

La justice doit être réciproque.

O hommes ! vous avez toujours à la bouche l'équité et la justice, dans vos affaires, dans vos assemblées, dans vos entretiens : on entend partout retentir ce nom sacré ; et, si peu qu'on vous blesse dans vos intérêts, vous ne cessez d'appeler la justice à votre secours : mais si c'est sincèrement et de bonne foi que vous parlez de la sorte, si vous regardez la justice comme l'unique asile de la vie humaine, et que vous croyiez avoir raison de recourir, quand on vous fait tort, à ce refuge commun du bon droit et de l'innocence, jugez-vous donc vous-même équitablement, et ne vous laissez pas aveugler par votre intérêt ; contenez-vous dans les limites qui vous sont données, et ne faites pas à autrui ce que vous ne voulez pas qu'on vous fasse. Car en effet[1], chrétiens, qu'y a-t-il de plus violent et de plus inique que de crier à l'injustice, et d'appeler toutes les lois à notre secours, si peu qu'on nous touche, pendant que nous ne craignons pas d'attenter hautement sur le bien d'autrui ; comme si ces lois que nous implorons ne servaient qu'à nous protéger, et non pas à nous instruire de nos obligations envers les autres ; et que la justice n'ait été donnée que comme un rempart pour nous couvrir, et non comme une borne posée pour nous arrêter, et comme une barrière pour nous renfermer dans nos devoirs réciproques ! Fuyons un si grand excès[2] ; gardons-nous bien d'introduire dans le commerce des choses humaines cet abus tant réprouvé par les Saintes Lettres, qui est la perte infaillible du droit et de la justice : deux mesures, deux balances, deux poids inégaux ; une grande mesure pour exiger ce qui nous est dû, une petite mesure pour rendre ce que nous devons. Servons-nous de cette mesure commune qui enferme le prochain avec nous dans la même règle de justice ; je veux dire : « Faisons, chrétiens, comme nous voulons qu'on nous fasse ; c'est la

---

1. Pléonasme ; *car*, ou *en effet* suffirait.

2. L'excès qui consiste à réclamer justice pour nous, et à ne pas être justes envers les autres.

loi et les prophètes. » Gardons l'égalité avec tous ; et que le pauvre soit assuré par son bon droit, autant que le riche par son crédit, et le grand par sa puissance ; gardons-la en toutes choses, et embrassons par un soin égal tout ce que la justice ordonne.   *Sermon sur la Justice.*

BOILEAU

Nicolas Boileau Despréaux, né à Paris en 1636, mort en 1711, se donna pour mission de combattre le mauvais goût que la réforme de Malherbe n'avait pas complètement chassé de la littérature. Il attaqua, avec une verve mordante,

Boileau.

les mauvais écrivains dans ses *Satires*, et, dans une œuvre de plus longue haleine, l'*Art poétique*, il traça en vers précis les règles de la poésie. Il a écrit en outre des *Épîtres* et un poème comique le *Lutrin*. Chez lui, le bon sens est supérieur à l'imagination.

L'honneur.

L'ambitieux le met souvent à tout brûler,
L'avare à voir chez lui le Pactole[1] rouler,
Un faux brave à vanter sa prouesse frivole,
Un vrai fourbe à jamais ne garder sa parole,
Ce poète à noircir d'insipides papiers,
Ce marquis à savoir frauder ses créanciers,
Un libertin[2] à rompre et jeûnes et carême,
Un fou perdu d'honneur à braver l'honneur même :
L'un d'eux a-t-il raison ? Qui pourrait le penser ?
Qu'est-ce donc que l'honneur que tout doit embrasser ?
Est-ce de voir, dis-moi, vanter notre éloquence,
D'exceller en courage, en adresse, en prudence,
De voir à notre aspect tout trembler sous les cieux,
De posséder enfin mille dons précieux ?
Mais, avec tous ces dons de l'esprit et de l'âme,
Un roi même, souvent, peut n'être qu'un infâme,
Qu'un Hérode[3], un Tibère[4] effroyable à nommer.
Où donc est cet honneur qui seul doit tout charmer ?
  Dans le monde il n'est rien de beau que l'équité :
Sans elle, la valeur, la force, la bonté,
Et toutes les vertus dont s'éblouit la terre,
Ne sont que faux brillants et que morceaux de verre...
Rassemblez à la fois Mithridate[5] et Sylla[6],
Joignez-y Tamerlan, Genseric, Attila[7] :
Tous ces fiers conquérants, rois, princes, capitaines,
Sont moins grands à mes yeux que ce bourgeois d'Athènes
Qui sut, pour tous exploits, doux, modéré, frugal,
Toujours vers la justice aller d'un pas égal[8].
Oui, la justice en nous est la vertu qui brille.
Il faut de ses couleurs qu'ici-bas tout s'habille.

1. Fleuve de Lydie, qui roulait des paillettes d'or.
2. Au dix-septième siècle on appelait libertins ceux qui s'affranchissaient des pratiques religieuses.
3. Roi de Judée, qui ordonna, après la naissance de J.-C., le massacre des innocents.
4. Empereur romain, fameux par ses cruautés.
5. Roi du Pont, célèbre par ses conquêtes.
6. Dictateur romain.
7. Conquérants barbares.
8. Ce bourgeois, c'est Socrate. V. plus haut, p. 8.

Dans un mortel chéri, tout injuste qu'il est,
C'est quelque air d'équité qui séduit et qui plaît.
A cet unique appas l'âme est vraiment sensible ;
Même aux yeux de l'injuste, un injuste est horrible ;
Et tel qui n'admet point la probité chez lui,
Souvent à la rigueur l'exige chez autrui...
    Mais allons voir le vrai jusqu'en sa source même.
Un dévot aux yeux creux et d'abstinence blême,
S'il n'a point le cœur juste, est affreux devant Dieu.
L'Évangile au chrétien ne dit en aucun lieu :
Sois dévot ; elle[1] dit : Sois doux, simple, équitable.
Car d'un dévot souvent au chrétien véritable
La distance est deux fois plus longue, à mon avis,
Que du pôle antarctique au détroit de Davis[2].
Encor par ce dévot ne crois pas que j'entende
Tartuffe[3], ou Molinos[4] et sa mystique bande.
J'entends un faux chrétien, mal instruit, mal guidé,
Et qui de l'Évangile en vain persuadé,
N'en a jamais conçu l'esprit ni la justice ;
Un chrétien qui s'en sert pour disculper le vice,
Qui, toujours près des grands, qu'il prend soin d'abuser,
Sur leurs faibles honteux sait les autoriser,
Il croit pouvoir au ciel, par ses folles maximes,
Avec le sacrement faire entrer tous les crimes.
Des faux dévots pour moi voilà le vrai héros.
Mais, pour borner enfin tout ce vague propos,
Concluons qu'ici bas le seul honneur solide,
C'est de prendre toujours la vérité pour guide,
De regarder en tout la raison et la loi,
D'être doux pour tout autre, et rigoureux pour soi,
D'accomplir tout le bien que le ciel nous inspire,
Et d'être juste enfin : ce mot seul veut tout dire.

Satire XI.

---

1. *Évangile* a été longtemps du féminin.

2. Détroit au voisinage du pôle arctique.

3. *Tartuffe*, personnage d'une comédie de Molière ; type d'hypocrisie.

4. Théologien mystique, qui faisait consister la perfection chrétienne dans l'amour de Dieu, sans égard pour les choses temporelles.

Mme DE SÉVIGNÉ

Marie de Rabutin-Chantal, marquise de Sévigné, née à Paris en 1626, morte en 1696. Elle a laissé des *Lettres*, vrais

Mme de Sévigné.

chefs-d'œuvre d'esprit, de naturel et de sincérité, qui fournissent sur les choses et les hommes du dix-septième siècle, de précieux renseignements.

Le faux point d'honneur.

MORT DE VATEL.

A Paris, dimanche 16 avril 1671.

Il est dimanche 26 avril ; cette lettre ne partira que mercredi ; mais ce n'est pas une lettre, c'est une relation que Moreuil vient de me faire, à votre intention, de ce qui s'est passé à Chantilly touchant Vatel. Je vous écrivis vendredi qu'il s'était poignardé ; voici l'affaire en détail : Le roi arriva le jeudi au soir; la promenade, la collation dans un lieu tapissé de jonquilles, tout cela fut à souhait. On soupa, il y eut quelques tables où le rôti manqua, à cause de plusieurs dîners à quoi l'on ne s'était point attendu, cela saisit Vatel, il dit plusieurs fois : « Je suis perdu d'honneur; voici un affront que je ne supporterai pas. » Il dit à Gourville : « La tête me tourne, il y a douze nuits que je n'ai dormi; aidez-moi à donner des ordres; » Gourville le soulagea en ce qu'il put. Le rôti qui avait manqué, non pas à la table du roi, mais aux vingt-cinquièmes, lui revenait toujours à l'esprit. Gourville le dit à M. le Prince[1]. M. le Prince alla jusque dans la chambre de Vatel et lui dit : « Vatel, tout » va bien; rien n'était si beau que le souper du roi. » Il répondit : « Monseigneur, votre bonté m'achève; je sais » que le rôti a manqué à deux tables. » « Point du tout, » dit M. le Prince; ne vous fâchez point; tout va bien. » Minuit vint, le feu d'artifice ne réussit pas, il fut couvert d'un nuage; il coûtait 16,000 livres. A quatre heures du matin, Vatel s'en va partout, il trouve tout endormi, il rencontre un petit pourvoyeur qui lui apportait seulement deux charges de marée; il lui demande : « Est-ce là tout? — « Oui, monsieur. » Il ne savait pas que Vatel avait envoyé à tous les ports de mer. Vatel attend quelque temps; les autres pourvoyeurs ne vinrent point; sa tête s'échauffait, il crut qu'il n'aurait point d'autre marée; il trouva Gourville, et lui dit : « Monsieur, je ne survivrai pas à cet affront-ci. » Gourville se moqua de lui. Vatel monte à sa chambre, met son épée contre la porte, et se la passe au travers du cœur; mais ce ne fut qu'au troisième coup, car il s'en donna deux qui n'étaient point mortels; il tombe mort. La marée cependant arrive de tous côtés : on cherche Vatel pour la distribuer, on va à sa chambre, on heurte, on enfonce la porte, on le trouve noyé dans son sang; on court à M. le Prince, qui fut au désespoir. M. le duc pleura; c'était sur Vatel que tournait[2] tout son voyage de Bourgogne. M. le Prince le dit au roi fort tristement : on dit que c'était à force d'avoir

<hr>

1. Le prince de Condé. 2. Reposait.

de l'honneur à sa manière ; on le loua fort, on loua et l'on blâma son courage. Le roi dit qu'il y avait cinq ans qu'il retardait de venir à Chantilly, parce qu'il comprenait l'excès de cet embarras. Il dit à M. le Prince qu'il ne devait avoir que deux tables, et ne point se charger de tout ; il jura qu'il ne souffrirait plus que M. le Prince en usât ainsi ; mais c'était trop tard pour le pauvre Vatel. Cependant Gourville tâcha de réparer la perte de Vatel ; elle fut réparée : on dîna très bien, on fit collation, on soupa, on se promena, on joua, on fut à la chasse ; tout était parfumé de jonquilles, tout était enchanté.

———

BOURDALOUE

Louis Bourdaloue, de l'ordre des Jésuites, né en 1631, à Bourges, mort en 1704 ; prédicateur célèbre. Ses *sermons* se font surtout remarquer par la force du raisonnement,

L'oubli des pauvres.

Combien de pauvres sont oubliés ! Combien demeurent sans secours et sans assistance ! Oubli d'autant plus déplorable que, de la part des riches, il est volontaire, et par conséquent criminel ; je m'explique. Combien de malheureux réduits aux dernières rigueurs de la pauvreté, et que l'on ne soulage pas, parce qu'on ne les connaît pas et qu'on ne veut pas les connaître ! Si l'on savait l'extrémité de leurs besoins [1], on aurait pour eux, malgré soi, sinon de la charité, au moins de l'humanité. A la vue de leur misère, on rougirait de ses excès, on aurait honte de ses délicatesses, on se reprocherait ses folles dépenses, et l'on s'en ferait avec raison des crimes devant Dieu. Mais parce qu'on ignore ce que souffrent ces membres de Jésus-Christ, parce qu'on ne veut pas s'en instruire, parce qu'on craint d'en entendre parler, parce qu'on les éloigne de sa présence, on croit en être quitte en les oubliant, et quelque

---

1. Leurs besoins extrêmes.

extrêmes que soient leurs maux, on y devient insensible. Combien de véritables pauvres que l'on rebute comme s'ils ne l'étaient pas, sans qu'on se donne et qu'on veuille se donner la peine de discerner s'ils le sont en effet ! Combien de saints pauvres dont les gémissements sont trop faibles pour venir jusqu'à nous, et dont on ne veut pas s'approcher pour se mettre en devoir de les écouter ! Combien de pauvres abandonnés dans les provinces [1] ! Combien de désolés dans les prisons ! Combien de languissants dans les hôpitaux ! Combien de honteux dans les familles particulières ! Parmi ceux qu'on connaît pour pauvres, et dont on ne peut ni ignorer ni même oublier le douloureux état, combien sont négligés ! combien sont durement traités ! Combien de serviteurs de Dieu qui manquent de tout, pendant que l'impie est dans l'abondance, dans le luxe, dans les délices ! S'il n'y avait point de jugement dernier, voilà ce que l'on pourrait appeler le scandale de la Providence : la patience des pauvres outragée par la dureté et par l'insensibilité des riches. *Sermon sur le Jugement dernier.*

MALEBRANCHE

Nicolas de Malebranche, prêtre de l'ordre de l'Oratoire [2], naquit à Paris en 1638 et mourut en 1715. Il adopta la méthode et la philosophie de Descartes, en y mêlant l'esprit de l'Évangile. Ses principaux ouvrages sont : la *Recherche de la vérité* et les *Conversations métaphysiques.*

Effets des passions.

Lorsque nous aimons quelque personne, nous sommes naturellement portés à croire qu'elle nous aime, et nous avons quelque peine à nous imaginer qu'elle ait dessein de nous nuire, ni de s'opposer à nos désirs. Mais si la haine succède à l'amour, nous ne pouvons croire qu'elle

---

1. Le sermon d'où ce morceau est extrait était prêché à Paris.

2. Oratoire, congrégation de prêtres livrés à l'étude et à la prière, fondée au dix-septième siècle par le cardinal de Bérulle.

nous veuille du bien ; nous interprétons toutes ses actions en mauvaise part ; nous sommes toujours sur nos gardes et dans la défiance, quoiqu'elle ne pense pas à nous, ou qu'elle ne pense qu'à nous rendre service. Enfin nous attribuons injustement à la personne qui excite en nous quelque passion toutes les dispositions de notre cœur....

Lorsque nous avons un amour passionné pour quelqu'un, nous jugeons que tout en est aimable. Ses grimaces sont des agréments ; sa difformité n'a rien de choquant ; ses mouvements irréguliers et ses gestes mal composés sont justes, ou pour le moins ils sont naturels. S'il ne parle jamais, c'est qu'il est sage ; s'il parle toujours, c'est qu'il est plein d'esprit ; s'il parle de tout, c'est qu'il est universel ; s'il interrompt les autres sans cesse, c'est qu'il a du feu, de la vivacité, du brillant ; enfin s'il veut toujours primer[1], c'est qu'il le mérite. Notre passion nous couvre ou nous déguise de cette sorte tous les défauts de nos amis, et au contraire elle relève avec éclat leurs plus petits avantages.

Mais si cette amitié vient à se refroidir, et si l'intérêt de quelque faux rapport change nos dispositions, la haine, succédant à l'amour, ne manquera pas de nous faire imaginer dans l'objet de notre passion tous les défauts qui peuvent être un sujet d'aversion. Nous verrons dans cette même personne des qualités toutes contraires à celles que nous y admirions auparavant. Nous aurons honte de l'avoir aimée, et la passion dominante ne manquera pas de se justifier et de rendre ridicule celle dont elle a pris la place.

La puissance et l'injustice des passions ne se bornent pas encore aux choses que nous venons de dire, elles s'étendent infiniment plus loin. Nos passions ne nous déguisent pas seulement leur objet principal, mais encore toutes les choses qui y ont quelque rapport. Non seulement elles nous rendent aimables toutes les qualités de nos amis, mais encore la plupart des qualités des amis de nos

---

1. Être le premier.

amis. Elles passent même plus avant[1] dans ceux qui ont quelque étendue et quelque force d'imagination ; car leurs passions ont sur leur esprit une domination si vaste et si étendue, qu'il n'est pas possible d'en marquer les bornes.

Des passions de l'âme.

RACINE

Jean Racine, né à la Ferté-Milon, en 1639, mort en 1699, est le plus touchant de nos poètes tragiques. Ses principales tragédies sont : *Andromaque, Britannicus, Mithridate,*

Racine.

Phèdre, dont les sujets sont empruntés à l'antiquité, et *Esther* et *Athalie,* tirées de l'Ancien Testament, qu'il composa, à la demande de Mme de Maintenon, pour les demoi-

1. Elles vont plus loin.

selles de la maison de Saint-Cyr. — Si Racine n'égale pas
Corneille par l'élévation, il le dépasse par la sensibilité.

L'Amour Maternel

ACTE I, SCÈNE IV

PYRRHUS, ANDROMAQUE, CÉPHISE.

PYRRHUS [1].

Me cherchiez-vous, Madame?
Un espoir si charmant me serait-il permis?

ANDROMAQUE.

Je passais jusqu'aux lieux où l'on garde mon fils,
Puisqu'une fois le jour vous souffrez que je voie
Le seul bien qui me reste, et d'Hector et de Troie,
J'allais, Seigneur, pleurer un moment avec lui,
Je ne l'ai point encore embrassé d'aujourd'hui.

PYRRHUS.

Ah! Madame! les Grecs, si j'en crois leurs alarmes,
Vous donneront bientôt d'autres sujets de larmes.

ANDROMAQUE.

Et quelle est cette peur dont leur cœur est frappé,
Seigneur? Quelque Troyen vous est-il échappé?

PYRRHUS.

Leur haine pour Hector n'est pas encore éteinte.
Ils redoutent son fils [2].

ANDROMAQUE.

Digne objet de leur crainte!
Un enfant malheureux, qui ne sait pas encore
Que Pyrrhus est son maître et qu'il est fils d'Hector.

PYRRHUS.

Tel qu'il est, tous les Grecs demandent qu'il périsse,
Le fils d'Agamemnon [3] vient hâter son supplice.

ANDROMAQUE.

Et vous prononcerez un arrêt si cruel?
Est-ce mon intérêt [4] qui le rend criminel?

1. Fils d'Achille. Après la prise de Troie, Andromaque, veuve d'Hector, tué par Achille (V. p. 2), et son fils Astyanax lui échurent dans le partage des captifs.

2. Hector avait été un des plus vaillants défenseurs de Troie contre les Grecs.

3. Oreste.

4. L'intérêt que je lui porte.

Hélas! on ne craint point qu'il venge un jour son père.
On craint qu'il n'essuyât les larmes de sa mère.
Il m'aurait tenu lieu d'un père et d'un époux.
Mais il me faut tout perdre et toujours par vos coups[1].

PYRRHUS.

Madame, mes refus ont prévenu vos larmes,
Tous les Grecs m'ont déjà menacé de leurs armes;
Mais dussent-ils encore, en repassant les eaux,
Demander votre fils, avec mille vaisseaux:
Coûtât-il tout le sang qu'Hélène a fait répandre[2],
Dussé-je après dix ans voir mon palais en cendre,
Je ne balance point, je vole à son secours,
Je défendrai sa vie aux dépens de mes jours.
Mais parmi ces périls, où je cours pour vous plaire,
Me refuserez-vous un regard moins sévère?
Haï de tous les Grecs, pressé de tous côtés,
Me faudra-t-il combattre encor vos cruautés?
Je vous offre mon bras. Puis-je espérer encore
Que vous accepterez un cœur qui vous adore?
En combattant pour vous, me sera-t-il permis
De ne vous point compter parmi mes ennemis?

ANDROMAQUE.

Seigneur, que faites-vous, et que dira la Grèce?
Faut-il qu'un si grand cœur montre tant de faiblesse!
Voulez-vous qu'un dessein si beau, si généreux[3],
Passe pour le transport d'un esprit amoureux?
Captive, toujours triste, importune à moi-même,
Pouvez-vous souhaiter qu'Andromaque vous aime?
Quels charmes ont pour vous des yeux infortunés,
Qu'à des pleurs éternels vous avez condamnés?
Non, non, d'un ennemi respecter la misère,
Sauver des malheureux, rendre un fils à sa mère,
De cent peuples pour lui combattre la rigueur,
Sans me faire payer son salut de mon cœur,

1. Hector son époux était tombé sous les coups d'Achille; Troie, sa patrie, était tombée sous les coups des Grecs. — 2. Hélène, femme du Grec Ménélas, avait été enlevée par Pâris, un des fils de Priam, roi de Troie. Ce rapt fut la cause de la guerre de Troie. — 3. Le projet de sauver Astyanax

Malgré moi, s'il le faut, lui donner un asile,
Seigneur, voilà des soins dignes du fils d'Achille.

PYRRHUS.

Hé quoi? votre courroux n'a-t-il pas eu son cours?
Peut-on haïr sans cesse? et punit-on toujours?
J'ai fait des malheureux, sans doute, et la Phrygie[1]
Cent fois de votre sang[2] a vu ma main rougie.
Mais que vos yeux sur moi se sont bien exercés!
Qu'ils m'ont vendu bien cher les pleurs qu'ils ont versés!
De combien de remords m'ont-ils rendu la proie?
Je souffre tous les maux que j'ai faits devant Troie.
Vaincu, chargé de fers, de regrets consumé,
Brûlé de plus de feux que je n'en allumai,
Tant de soins, tant de pleurs, tant d'ardeurs inquiètes....
Hélas! fus-je jamais si cruel que vous l'êtes!
Mais enfin, tour à tour, c'est assez nous punir.
Nos ennemis communs devraient nous réunir.
Madame, dites-moi seulement que j'espère,
Je vous rends votre fils, et je lui sers de père.
Je l'instruirai moi-même à venger les Troyens.
J'irai punir les Grecs de vos maux et des miens,
Animé d'un regard, je puis tout entreprendre.
Votre Ilion[3] encor peut sortir de sa cendre.
Je puis, en moins de temps que les Grecs ne l'ont pris[4],
Dans ses murs relevés couronner votre fils.

ANDROMAQUE.

Seigneur, tant de grandeurs ne nous touchent plus guère.
Je les lui[5] promettais tant qu'à vécu son père.
Non, vous n'espérez plus de nous revoir encor,
Sacrés murs, que n'a pu conserver mon Hector.
A de moindres faveurs des malheureux prétendent;
Seigneur, c'est un exil que mes pleurs vous demandent.
Souffrez que, loin des Grecs et même loin de vous,
J'aille cacher mon fils et pleurer mon époux.

---

1. Contrée de l'Asie-Mineure.
2. Du sang de la race d'Andromaque.
3. Troie.

4. Le siége de Troie avait duré
dix ans.

5. A Astyanax.

Votre amour contre nous allume trop de haine;
Retournez, retournez à la fille d'Hélène [1].

PYRRHUS.

Et le puis-je, Madame? Ah! que vous me gênez.
Comment lui rendre un cœur que vous me retenez?
Je sais que de mes vœux on lui promit l'empire.
Je sais que pour régner elle vint dans l'Épire [2].
Le sort vous y voulut l'une et l'autre amener,
Vous, pour porter des fers; elle, pour en donner.
Cependant, ai-je pris quelque soin de lui plaire?
Et ne dirait-on pas, en voyant, au contraire,
Vos charmes tout-puissants et les siens dédaignés,
Qu'elle est ici captive et que vous y régnez?
Ah! qu'un seul des soupirs, que mon cœur vous envoie,
S'il s'échappait vers elle, y porterait de joie!

ANDROMAQUE.

Et pourquoi vos soupirs seraient-ils repoussés?
Aurait-elle oublié vos services passés?
Troie, Hector, contre vous révoltent-ils son âme?
Aux cendres d'un époux doit-elle enfin sa flamme?
Et quel époux encore! Ah! souvenir cruel!
Sa mort [3] seule a rendu votre père immortel.
Il doit au sang d'Hector tout l'éclat de ses armes,
Et vous n'êtes tous deux connus que par mes larmes.

PYRRHUS.

Hé bien! Madame, hé bien! il faut vous obéir;
Il faut vous oublier, ou plutôt vous haïr.
Oui, mes vœux ont trop loin poussé leur violence,
Pour ne plus s'arrêter que dans l'indifférence.
Songez-y bien. Il faut désormais que mon cœur,
S'il n'aime avec transport, haïsse avec fureur.
Je n'épargnerai rien dans ma juste colère,
Le fils me répondra des mépris de sa mère.
La Grèce le demande, et je ne prétends pas
Mettre toujours ma gloire à sauver des ingrats.

<hr>

1. Hermione, qui aime Pyrrhus.   3. La mort d'Hector.
2. Contrée de l'ancienne Grèce.

ANDROMAQUE.

Hélas ! il mourra donc. Il n'a pour sa défense
Que les pleurs de sa mère et que son innocence.
Et peut-être, après tout, en l'état où je suis,
Sa mort avancera la fin de mes ennuis.
Je prolongeais pour lui ma vie et ma misère.
Mais enfin, sur ses pas, j'irai revoir son père.
Ainsi, tous trois, Seigneur, par vos soins réunis,
Nous vous.....

PYRRHUS.

Allez, Madame, allez voir votre fils.
Peut-être, en le voyant, votre amour, plus timide,
Ne prendra pas toujours sa colère pour guide.
Pour savoir nos destins, j'irai vous retrouver.
Madame, en l'embrassant, songez à le sauver.

ACTE III, SCÈNE VIII.

ANDROMAQUE, CÉPHISE.

CÉPHISE [1].

Je vous l'avais prédit, qu'en dépit de la Grèce,
De votre sort, encor, vous seriez la maîtresse.

ANDROMAQUE.

Hélas ! de quel effet tes discours sont suivis !
Il ne me restait plus qu'à condamner mon fils.

CÉPHISE.

Madame, à votre époux, c'est être assez fidèle.
Trop de vertu pourrait vous rendre criminelle.
Lui-même il porterait votre âme à la douceur.

ANDROMAQUE.

Quoi ! je lui donnerais Pyrrhus pour successeur !

CÉPHISE.

Ainsi le veut son fils, que les Grecs vous ravissent.
Pensez-vous qu'après tout, ses mânes [2] en rougissent ?
Qu'il méprisât, Madame, un roi victorieux [3],

1. Confidente d'Andromaque.
2. Les Grecs et les Romains don- naient ce nom aux âmes des morts.
3. Pyrrhus.

Qui vous fait remonter au rang de vos aïeux ;
Qui foule aux pieds pour vous vos vainqueurs en colère ;
Qui ne se souvient plus qu'Achille était son père ;
Qui dément ses exploits et les rend superflus ?

ANDROMAQUE.

Dois-je les oublier, s'il ne s'en souvient plus ?
Dois-je oublier Hector privé de funérailles,
Et traîné sans honneur autour de nos murailles [1] ?
Dois-je oublier son père, à mes pieds renversé [2],
Ensanglantant l'autel, qu'il tenait embrassé ?
Songe, songe, Céphise, à cette nuit cruelle,
Qui fut pour tout un peuple une nuit éternelle.
Figure-toi, Pyrrhus, les yeux étincelants,
Entrant à la lueur de nos palais brûlants [3],
Sur tous mes frères morts se faisant un passage,
Et de sang tout couvert, échauffant le carnage,
Songe aux cris des vainqueurs, songe aux cris des
Dans la flamme étouffés, sous le fer expirants. [mourants,
Peins-toi dans ces horreurs Andromaque éperdue.
Voilà comme Pyrrhus vint s'offrir à ma vue,
Voilà par quels exploits il sut se couronner ;
Enfin, voilà l'époux que tu veux me donner.
Non, je ne serai point complice de ses crimes,
Qu'il nous prenne, s'il veut, pour dernières victimes.
Tous mes ressentiments lui seraient asservis.

CÉPHISE.

Hé bien ! allons donc voir expirer votre fils.
On n'attend plus que vous. Vous frémissez, Madame.

ANDROMAQUE.

Ah ! de quel souvenir viens-tu frapper mon âme !
Quoi, Céphise, j'irai voir expirer encor
Ce fils, ma seule joie et l'image d'Hector ?
Ce fils, que de sa flamme il me laissa pour gage ?
Hélas ! je m'en souviens ; le jour que son courage
Lui fit chercher Achille, ou plutôt le trépas,

---

1. Achille avait traîné le cadavre d'Hector autour du tombeau de Patrocle.

2. Priam, au moment de la prise de Troie.

3. Incendiés.

Il demanda son fils, et le prit dans ses bras.
Chère épouse (dit-il, en essuyant mes larmes),
J'ignore quel succès le sort garde à mes armes ;
Je te laisse mon fils pour gage de ma foi ;
S'il me perd, je prétends qu'il me retrouve en toi.
Si d'un heureux hymen la mémoire t'est chère,
Montre au fils à quel point tu chérissais le père.
Et je puis voir répandre un sang si précieux ?
Et je laisse avec lui périr tous ses aïeux[1] ?
Roi barbare ! faut-il que mon crime l'entraîne ?
Si je te hais, est-il coupable de ma haine ?
T'a-t-il de tous les siens reproché le trépas ?
S'est-il plaint, à tes yeux, des maux qu'il ne sent pas ?
Mais cependant, mon fils, tu meurs, si je n'arrête
Le fer que le cruel tient levé sur ta tête.
Je l'en puis détourner, et je t'y vais offrir ?
Non, tu ne mourras point, je ne le puis souffrir.
Allons trouver Pyrrhus. Mais non, chère Céphise,
Va le trouver pour moi.

CÉPHISE.
Que faut-il que je dise ?

ANDROMAQUE.
Dis-lui que de mon fils l'amour est assez fort...
Crois-tu que dans son cœur il ait juré sa mort ?
L'amour peut-il si loin pousser sa barbarie ?

CÉPHISE.
Madame, il va bientôt revenir en furie.

ANDROMAQUE.
Hé bien ! va l'assurer...

CÉPHISE.
De quoi ? de votre foi ?

ANDROMAQUE.
Hélas ! pour la promettre, est-elle encore à moi ?
O cendres d'un époux ! ô Troyens ! ô mon père !
O mon fils, que tes jours coûtent cher à ta mère !
Allons.

1. Avec lui sa race serait éteinte.

CÉPHISE.

Où donc, Madame ? et que résolvez-vous ?

ANDROMAQUE.

Allons, sur son tombeau, consulter mon époux.

LA BRUYÈRE

Jean de la Bruyère, né à Paris en 1645, mort en 1696. Précepteur du petit-fils du grand Condé, il observa la société au milieu de laquelle il vivait, et de ses observations il

La Bruyère.

composa un livre intitulé les *Caractères*, où il peint, d'un style incisif, précis et animé, les ridicules, les travers et les vices des hommes.

Portrait de l'égoïste.

Gnathon ne vit que pour soi, et tous les hommes ensemble sont à son égard comme s'ils n'étaient point :

non content de remplir à une table la première place, il occupe lui seul celle de deux autres ; il oublie que le repas est pour lui et pour toute la compagnie ; il se rend maître du plat et fait son propre de chaque service ; il ne s'attache à aucun des mets, qu'il n'ait achevé d'essayer de tous ; il voudrait pouvoir les savourer tous tout à la fois ; il ne se sert à table que de ses mains ; il manie les viandes, les remanie, démembre, déchire, et en use de manière qu'il faut que les convives, s'ils veulent manger, mangent ses restes ; il ne leur épargne aucune de ces malpropretés dégoûtantes, capables d'ôter l'appétit aux plus affamés. Le jus et les sauces lui dégouttent du menton et de la barbe. S'il enlève un ragoût de dessus un plat, il le répand en chemin dans un autre plat et sur la nappe ; on le suit à la trace. Il mange haut et avec grand bruit ; il roule les yeux en mangeant ; la table est pour lui un râtelier ; il écure ses dents, et il continue à manger. Il se fait quelque part où il se trouve une manière d'établissement[1] et ne souffre pas d'être plus pressé au sermon ou au théâtre que dans sa chambre. Il n'y a dans un carrosse que les places du fond qui lui conviennent ; dans toute autre, si on veut l'en croire, il pâlit et tombe en faiblesse. S'il fait un voyage avec plusieurs, il les prévient[2] dans les hôtelleries, et il sait toujours se conserver dans la meilleure chambre le meilleur lit. Il tourne tout à son usage ; ses valets, ceux d'autrui, courent dans le même temps pour son service ; tout ce qu'il trouve sous sa main lui est propre : hardes, équipages. Il embarrasse tout le monde, ne se contraint pour personne, ne plaint personne, ne connaît de maux que les siens, que sa réplétion et sa bile ; ne pleure point la mort des autres, n'appréhende que la sienne, qu'il rachèterait volontiers de l'extinction du genre humain.

Les Caractères.

1. Il s'établit partout où il se trouve. | 2. Arrive avant eux, les devance.

FÉNELON

François de Salignac de la Motte de Fénelon naquit au château de Fénelon (Périgord) en 1651, mourut à Cambrai en 1715. Il fut précepteur du duc de Bourgogne, petit-fils de Louis XIV, puis archevêque de Cambrai. Ame tendre, éprise de charité, imagination brillante et enthousiaste, nourrie dans l'étude des auteurs anciens, intelligence souple et lumineuse, Fénelon écrivit, sur les sujets les plus variés, de nombreux ouvrages où la beauté morale du fond ne le cède jamais à l'exquise élégance de la forme. Ses principaux ouvrages sont : le *Traité de l'éducation des filles*, le *Télémaque*, le *Traité de l'existence de Dieu*, les *Dialogues sur l'éloquence en général et sur celle de la chaire en particulier*, et la *Lettre sur les occupations de l'Académie française*.

Ne jamais porter les armes contre sa patrie.

Bourbon [1]. — N'est-ce point le pauvre Bayard [2] que je vois, au pied de cet arbre, étendu sur l'herbe, et percé d'un grand coup? Oui, c'est lui-même. Hélas! je le plains. En voilà deux qui périssent aujourd'hui par nos armes : Vandenesse [3] et lui. Ces deux Français étaient deux ornements de leur nation par leur courage. Je sens que mon cœur est encore touché pour sa patrie. Mais avançons pour lui parler. Ah! mon pauvre Bayard, c'est avec douleur que je te vois en cet état.

Bayard. — C'est avec douleur que je vous vois aussi.

Bourbon. — Je comprends bien que tu es fâché de te voir dans mes mains par le sort de la guerre. Mais je ne veux point te traiter en prisonnier; je te veux garder comme un bon ami, et prendre soin de ta guérison, comme si tu étais mon propre frère. Ainsi, tu ne dois pas être fâché de me voir.

Bayard. — Eh! croyez-vous que je ne suis pas fâché

---

1. Charles de Bourbon (1489-1527), nommé connétable par François Ier, après la bataille de Marignan, trahit sa patrie, pour passer dans les armées de Charles-Quint.

2. Bayard, le héros légendaire du seizième siècle, le chevalier sans peur et sans reproche.

3. Compagnon de Bayard.

d'avoir obligation au plus grand ennemi de la France ? Ce n'est point de ma captivité ni de ma blessure dont je suis en peine. Je meurs ; dans un instant, la mort va me délivrer de vos mains.

BOURBON. — Non, mon cher Bayard, j'espère que nos soins réussiront à te guérir.

BAYARD. — Ce n'est point là ce que je cherche, et je suis content de mourir.

BOURBON. — Qu'as-tu donc ? Est-ce que tu ne saurais te consoler d'avoir été vaincu et fait prisonnier dans la retraite de Bonnivet[1] ? Ce n'est pas ta faute ; c'est la sienne ; les armes sont journalières[2]. Ta gloire est assez bien établie par tant de belles actions. Les Impériaux[3] ne pourront jamais oublier cette vigoureuse défense de Mézières contre eux.

BAYARD. — Pour moi, je ne puis jamais oublier que vous êtes ce grand connétable, ce prince du plus noble sang qu'il y ait dans le monde[4], et qui travaille à déchirer de ses propres mains sa patrie et le royaume de ses ancêtres.

BOURBON. — Quoi ! Bayard, je te loue et tu me condamnes ! je te plains et tu m'insultes !

BAYARD. — Si vous me plaignez, je vous plains aussi, et je vous trouve bien plus à plaindre que moi. Je sors de la vie sans tache ; j'ai sacrifié la mienne à mon devoir ; je meurs pour mon pays, pour mon roi, estimé des ennemis de la France et regretté de tous les bons Français. Mon état est digne d'envie.

BOURBON. — Et moi, je suis victorieux d'un ennemi qui m'a outragé ; je me venge de lui ; je le chasse du Milanais ; je fais sentir à toute la France combien elle est malheureuse de m'avoir perdu en me poussant à bout. Appelles-tu cela être à plaindre ?

BAYARD. — Oui, on est toujours à plaindre quand on agit contre son devoir. Il vaut mieux périr en com-

---

1. Général français battu par le connétable de Bourbon.
2. Changeantes.

3. Les troupes de l'empereur Charles-Quint.
4. Le sang des Bourbons.

battant pour la patrie, que la vaincre et triompher d'elle. Ah ! quelle horrible gloire que celle de détruire son propre pays !

Bourbon. — Mais ma patrie a été ingrate, après tant de services que je lui avais rendus. Madame[1] m'a fait traiter indignement par un dépit d'amour. Le roi, par faiblesse pour elle, m'a fait une injustice énorme en me dépouillant de mon bien. On a détaché de moi jusqu'à mes domestiques[2] Matignon et d'Argouges. J'ai été contraint, pour sauver ma vie, de m'enfuir presque seul. Que voulais-tu que je fisse ?

Bayard. — Que vous souffrissiez toutes sortes de maux, plutôt que de manquer à la France et à la grandeur de votre maison. Si la persécution était trop violente, vous pouviez vous retirer ; mais il valait mieux être pauvre, obscur, inutile à tout, que de prendre les armes contre nous. Votre gloire eût été au comble dans la pauvreté et dans le plus misérable exil.

Bourbon. — Mais ne vois-tu pas que la vengeance s'est jointe à l'ambition pour me jeter dans cette extrémité ? J'ai voulu que le roi se repentît de m'avoir traité si mal.

Bayard. — Il fallait l'en faire repentir par une patience à toute épreuve, qui n'est pas moins la vertu d'un héros que le courage.

Bourbon. — Mais le roi, étant si injuste et si aveuglé par sa mère, méritait-il que j'eusse de si grands égards pour lui ?

Bayard. — Si le roi ne le méritait pas, la France entière le méritait. La dignité même de la couronne, dont vous êtes un des héritiers[3], le méritait. Vous vous deviez à vous-même d'épargner la France, dont vous pouviez être un jour roi.

Bourbon. — Eh bien ! j'ai tort, je l'avoue ; mais ne sais-tu pas combien les meilleurs cœurs ont de peine à résister à leur ressentiment ?

---

1. La reine mère, Louise de Savoie.
2. Gens faisant partie de sa maison, et non pas valets.
3. Comme membre de la maison de Bourbon.

BAYARD. — Je le sais bien, mais le vrai courage consiste à y résister. Si vous connaissez votre faute, hâtez-vous de la réparer. Pour moi, je meurs, et vous trouve plus à plaindre dans vos prospérités que moi dans mes souffrances. Quand l'empereur ne vous tromperait pas, quand même il vous donnerait sa sœur en mariage, et qu'il partagerait la France avec vous, il n'effacerait point la tache qui déshonore votre vie. Le connétable de Bourbon rebelle ! ah ! quelle honte ! Écoutez Bayard, mourant comme il a vécu, et ne cessant de dire la vérité.

Dialogues.

MASSILLON

Jean-Baptiste Massillon, né à Hyères (Provence) en 1663, mort en 1742, prêtre de la congrégation de l'Oratoire, prédicateur célèbre. — Par son style noble et élégant, Massillon se rattache à la tradition du dix-septième siècle, mais le souffle généreux du dix-huitième circule déjà dans ses *Sermons*. Plus moraliste que théologien, il a peint et flétri, dans son *Petit Carême*, les désordres et les vices des grands, avec une force que tempèrent seules les indulgences de la charité évangélique.

La jalousie.

De quoi n'est pas capable un cœur que la jalousie noircit et envenime ! Non seulement on applaudit à l'imposture, mais on ne craint pas de s'en rendre coupable soi-même. Tout s'empoisonne entre les mains de cette funeste passion : la piété la plus avérée n'est plus qu'une hypocrisie mieux conduite ; la valeur la plus éclatante, une pure ostentation, et un bonheur qui tient lieu de mérite ; la réputation la mieux établie, une erreur publique où il entre plus de prévention [1] que de vérité ; les talents les plus utiles à l'État, une ambition démesurée qui ne cache qu'un grand fonds de médiocrité et d'insuffisance ; le zèle pour la

____

1. Jugement porté de parti pris et sans raison.

patrie, un art de se faire valoir et de se rendre nécessaire ; les succès même les plus glorieux, un assemblage de circonstances heureuses qu'on doit à la bizarrerie du hasard plus qu'à la sagesse des mesures. Enfin la langue du jaloux flétrit tout ce qu'elle touche...

Le zèle du bien public devient tous les jours comme la décoration et l'apologie de ce vice. Il semble qu'on ne craint que pour l'État, et on n'envie que les places de ceux qui gouvernent : on blâme les choix du maître comme tombant sur des sujets incapables ; mais ce n'est pas l'intérêt public qui nous pique, c'est la jalousie et le chagrin de n'avoir pas été nous-mêmes choisis : les places où nous aspirions ne sont jamais, selon nous, données au mérite ; la faveur du maître et le bien de l'État ne nous paraissent jamais aller ensemble : on se donne pour amateur de la patrie, et on n'en aime que les honneurs et les prééminences... On étale le titre de bon citoyen, et on cache dessous celui de jaloux : on a sans cesse l'État dans la bouche, et la jalousie dans le cœur : on paraît contristé quand les événements sont malheureux et ne répondent pas aux vues et aux mesures de ceux qui sont en place ; et l'on s'applaudit plus du blâme qui en retombe sur eux qu'on n'est touché des maux qui en peuvent revenir à la patrie. Et voilà un des plus tristes effets de cette passion infortunée.

Et combien de fois a-t-on vu des hommes publics sacrifier l'État à leurs jalousies particulières ; faire échouer des entreprises glorieuses à la patrie, de peur que la gloire n'en rejaillît sur leurs rivaux ; ménager des événements capables de renverser l'empire pour ensevelir leurs concurrents sous ses ruines, et risquer de tout perdre pour faire périr un seul homme! Le véritable zèle du bien public ne cherche qu'à se rendre utile ; et à l'homme vertueux et qui aime l'État, les services tiennent lieu de récompenses.

Petit Carême.

SAINT-SIMON

Louis de Rouvroi, duc de Saint-Simon (1675-1755), a écrit des *Mémoires* sur les dernières années du règne de Louis XIV et sur la Régence. C'est une œuvre originale et passionnée, où les hommes sont peints sans merci, avec un talent à la fois souple et vigoureux.

Un soldat homme de bien.

J'ai si souvent parlé du maréchal Catinat[1], de sa vertu, de sa sagesse, de sa modestie, de son désintéressement, de la supériorité si rare de ses sentiments, de ses grandes parties de capitaine[2], qu'il ne me reste plus à dire que sa mort dans un âge très avancé, sans avoir été marié, ni avoir acquis aucunes richesses[3], dans sa petite maison de Saint-Gratien, près Saint-Denis, où il s'était retiré, d'où il ne sortait plus depuis quelques années, et où il ne voulait presque plus recevoir personne. Il y rappela par sa simplicité, par sa frugalité, par le mépris du monde, par la paix de son âme et l'uniformité de sa conduite, le souvenir de ces grands hommes qui, après les triomphes les mieux mérités, retournaient tranquillement à leur charrue[4], toujours amoureux de leur patrie et peu sensibles à l'ingratitude de Rome, qu'ils avaient si bien servie. Catinat mit sa philosophie à profit par une grande piété. Il avait de l'esprit, un grand sens, une réflexion mûre ; il n'oublia jamais le peu qu'il était. Ses habits, ses équipages, ses meubles, sa maison, tout était de la dernière simplicité ; son air l'était aussi, et tout son maintien. Il était grand, brun, maigre, un air assez pensif et assez lent, de beaux yeux et fort spirituels. Il déplorait les fautes signalées qu'il voyait se succéder sans cesse[5], l'extinction

---

1. Le maréchal Catinat (1637-1712) fut un des meilleurs généraux de Louis XIV.

2. Ses qualités de grand capitaine.

3. Aujourd'hui ; aucun, dans ce sens, ne s'emploie plus guère qu'au singulier.

4. Allusion à certains héros romains, tels que Cincinnatus.

5. Allusion aux revers des dernières années de Louis XIV.

suivie de toute émulation, le luxe, le vide, l'ignorance, la
confusion des États, l'inquisition mise à la place de la po-
lice ; il voyait tous les signes de destruction ; et il disait
qu'il n'y avait qu'un comble[1] très dangereux de désordre
qui pût enfin rappeler l'ordre dans le royaume.

Mémoires.

JEAN-BAPTISTE ROUSSEAU

Jean-Baptiste Rousseau, poète lyrique, né à Paris en 1671,
mort en 1741. Sa vie n'est pas des plus honorables ; il commença, dit-on, par renier son père, honnête cordonnier qui
lui avait assuré les bienfaits d'une éducation libérale ; plus
tard, mêlé à la société de seigneurs dissolus, il se fit une réputation par des poésies licencieuses et infâmes. Condamné
comme calomniateur, banni de France à perpétuité, il vécut
dans une véritable domesticité auprès de protecteurs étrangers. — L'inspiration poétique de Rousseau vaut mieux que
sa vie ; elle est souvent noble et élevée. Ses *Odes* lui ont
valu un rang honorable parmi les poètes français ; elles se
font remarquer par l'ampleur du style, l'harmonie et la magnificence de la forme, mais elles manquent de cette sensibilité et de cette émotion qui devaient animer les poésies lyriques du dix-neuvième siècle.

L'existence de Dieu

De sa puissance immortelle
Tout parle, tout nous instruit ;
Le jour au jour la révèle,
La nuit l'annonce à la nuit.
Ce grand et superbe ouvrage
N'est point pour l'homme un langage
Obscur et mystérieux :
Son admirable structure
Est la voix de la nature,
Qui se fait entendre aux yeux.

1. Un comble est une construction | ment, un comble est le degré le plus
au sommet d'un édifice ; métaphorique- | élevé d'une chose.

Dans une éclatante voûte
Il a placé de ses mains
Ce soleil qui dans sa route
Éclaire tous les humains.
Environné de lumière,
Cet astre ouvre sa carrière,
Comme un époux glorieux,
Qui dès l'aube matinale,
De sa couche nuptiale
Sort brillant et radieux.

L'univers à sa présence
Semble sortir du néant.
Il prend sa course, il s'avance
Comme un superbe géant.
Bientôt sa marche féconde
Embrasse le tour du monde
Dans le cercle qu'il décrit ;
Et, par sa chaleur puissante,
La nature languissante
Se ranime et se nourrit.

O que tes œuvres sont belles,
Grand Dieu ! quels sont tes bienfaits !
Que ceux qui te sont fidèles,
Sous ton joug trouvent d'attraits !
Ta crainte inspire la joie ;
Elle assure notre voie ;
Elle nous rend triomphants ;
Elle éclaire la jeunesse,
Et fait briller la sagesse
Dans les plus faibles enfants.

Odes, livre Ier.

MONTESQUIEU

Charles Secondat de Montesquieu, né à la Brède, près
Bordeaux, en 1689, mort en 1755, fut conseiller, puis pré-

sident au parlement de Bordeaux. — Montesquieu fut un
des créateurs, en France, de la philosophie politique. Jusqu'au dix-huitième siècle, la philosophie avait négligé l'étude
des rapports des hommes vivant en société; à partir de
cette époque, elle s'y appliqua. Elle fut ainsi amenée à reconnaître l'égalité et la liberté de tous les hommes, et par
suite à mettre en lumière les abus et les vices de l'ancien
régime; elle prépara ainsi l'avènement de la révolution
française.

Montesquieu.

Montesquieu, après avoir écrit des *Considérations sur les
causes de la grandeur et de la décadence des Romains*, publia
l'*Esprit des lois*, qui lui avait demandé vingt ans d'études.
Dans cet ouvrage, il compare entre elles les législations des
différents peuples anciens et modernes, et en fait ressortir
l'esprit général. En 1721, il avait publié les *Lettres persanes*
qui, sous une forme légère en apparence, contenaient une
critique sévère de la société française au commencement du
dix-huitième siècle.

La république.

Il ne faut pas beaucoup de probité pour qu'un gouvernement monarchique [1] ou un gouvernement despotique [2] se maintienne et se soutienne. La force des lois dans l'un, le bras du prince [3] toujours levé dans l'autre, règlent ou contiennent tout. Mais, dans un état populaire [4], il faut un ressort de plus, la vertu.

Ce que je dis est confirmé par le corps entier de l'histoire, et est très conforme à la nature des choses, car il est clair que, dans une monarchie, où celui qui fait exécuter les lois se juge au-dessus des lois, on a besoin de moins de vertu que dans un gouvernement populaire, où celui qui fait exécuter les lois sent qu'il y est soumis lui-même, et qu'il en portera le poids...

L'amour de la République, dans une démocratie [5], est celui de la démocratie ; l'amour de la démocratie est celui de l'égalité [6].

L'amour de la démocratie est encore l'amour de la frugalité. Chacun devant y avoir le même bonheur et les mêmes avantages, y doit goûter les mêmes plaisirs, et former les mêmes espérances, chose qu'on ne peut attendre que de la frugalité générale.

L'amour de l'égalité, dans une démocratie, borne l'ambition au seul désir, au seul bonheur de rendre à sa patrie de plus grands services que les autres citoyens. Ils ne peuvent pas lui rendre tous des services égaux ; mais ils doivent tous également en rendre. En naissant, on contracte envers elle une dette immense, dont on ne peut jamais s'acquitter.

Ainsi les distinctions y naissent du principe de l'égalité, lors même qu'elle paraît ôtée par des services heureux ou par des talents supérieurs.

1. Le gouvernement monarchique est le gouvernement d'un seul.

2. Tyrannique.

3. Celui qui occupe le premier rang dans l'État.

4. Celui dans lequel le peuple participe soit directement, soit indirectement, par ses mandataires, au gouvernement de la chose publique.

5. Gouvernement populaire.

6. Dans une démocratie, tous les citoyens sont égaux.

L'amour de la frugalité borne le désir d'avoir à l'attention que demande le nécessaire [1] pour sa famille, et même le superflu pour sa patrie. Les richesses donnent une puissance dont un citoyen ne peut pas user pour lui, car il ne serait pas égal [2]. Elles procurent des délices dont il ne doit pas jouir non plus, parce qu'elles choqueraient l'égalité tout de même.

Aussi les bonnes démocraties, en établissant la frugalité domestique, ont-elles ouvert la porte aux dépenses publiques, comme on fit à Athènes et à Rome. Pour lors, la magnificence et la profusion naissaient du fond de la frugalité même, et comme la religion demande qu'on ait les mains pures pour faire des offrandes aux dieux, les lois voulaient des mœurs frugales, pour que l'on pût donner à sa patrie.....

Le principe de la démocratie se corrompt non seulement lorsqu'on perd l'esprit d'égalité, mais encore quand on prend l'esprit d'égalité extrême, et que chacun veut être égal à ceux qu'il choisit pour lui commander. Pour lors le peuple, ne pouvant souffrir ce pouvoir même qu'il confie, veut tout faire par lui-même, délibérer pour le sénat, exécuter pour les magistrats, et dépouiller tous les juges. Il ne peut plus y avoir de vertu dans la République. Le peuple veut faire les fonctions des magistrats ; les délibérations du sénat n'ont plus de poids : on n'a donc plus d'égards pour les sénateurs, et par conséquent pour les vieillards. Que si l'on n'a pas de respect pour les vieillards, on n'en aura pas non plus pour les pères ; les maris ne méritent pas plus de déférence, ni les maîtres plus de soumission. Tout le monde parviendra [3] à aimer ce libertinage : la gêne du commandement fatiguera, comme celle de l'obéissance. Les femmes, les enfants, les esclaves n'auront de soumission pour personne. Il n'y aura plus de mœurs, plus d'amour de l'ordre, enfin plus de vertu.....

La démocratie a donc deux excès à éviter ; l'esprit d'iné-

---

1. C'est-à-dire le désir d'avoir doit se borner au nécessaire exigé par la famille.

2. Aux autres citoyens.

3. En arrivera.

galité, qui la mène à l'aristocratie[1] ou au gouvernement d'un seul; et celui d'égalité extrême, qui la conduit au despotisme d'un seul.

De l'Esprit des lois, livres III, V et VIII,

BUFFON

Georges-Louis Le Clerc, comte de Buffon, né à Montbard en 1707, mort en 1788. Intendant du jardin du roi (aujourd'hui *Muséum d'histoire naturelle*), il écrivit de 1749 à 1785, avec la collaboration des naturalistes les plus célèbres du

Buffon.

temps, Daubenton, Guéneau de Montbéliard, une immense histoire naturelle, qui comprend la *Théorie de la terre*, l'*Histoire de l'homme*, l'*Histoire des animaux vivipares*, l'*Histoire des oiseaux* et l'*Histoire des minéraux*. En 1788, il publia les

1. Étymologiquement, aristocratie veut dire gouvernement des meilleurs; l'aristocratie est le gouvernement d'une ou de plusieurs classes de citoyens privilégiés.

Époques de la nature. Les théories scientifiques de Buffon sont aujourd'hui dépassées ; mais son style large et imagé lui assure l'immortalité.

L'homme.

Tout marque dans l'homme, même à l'extérieur, sa supériorité sur tous les êtres vivants ; il se soutient droit et élevé, son attitude est celle du commandement ; sa tête regarde le ciel, et présente une face auguste [1] sur laquelle est imprimé le caractère [2] de sa dignité ; l'image de l'âme y est peinte par la physionomie [3] ; l'excellence de sa nature perce à travers les organes matériels, et anime d'un feu divin les traits de son visage ; son port majestueux, sa démarche ferme et hardie, annoncent sa noblesse et son rang [4] ; il ne touche à la terre que par ses extrémités les plus éloignées, il ne la voit que de loin, et semble la dédaigner ; les bras ne lui sont pas donnés pour servir de piliers d'appui à la masse de son corps ; sa main ne doit pas fouler la terre, et perdre, par des frottements réitérés, la finesse du toucher dont elle est le principal organe ; le bras et la main sont faits pour servir à des usages plus nobles, pour exécuter les ordres de la volonté, pour saisir les choses éloignées, pour écarter les obstacles, pour prévenir les rencontres et les chocs de ce qui pourrait nuire, pour embrasser et retenir ce qui peut plaire, pour le mettre à la portée des autres sens.

Lorsque l'âme est tranquille, toutes les parties du visage sont dans un état de repos : leur proportion, leur union, leur ensemble, marquent encore assez la douce harmonie des pensées, et répondent au calme de l'intérieur ; mais lorsque l'âme est agitée, la face humaine devient un tableau vivant où les passions sont rendues avec autant de délicatesse que d'énergie ; où chaque mouvement est exprimé par un trait, chaque action par un caractère [5] dont

1. Digne de respect, qui impose.
2. Le signe, la marque.
3. L'air, les traits du visage.

4. Son rang dans l'échelle des êtres.
5. Même sens que plus hau'

l'impression vive et prompte devance la volonté, nous décèle, et rend au dehors, par des signes pathétiques [1], les images de nos secrètes agitations. *Histoire naturelle.*

VOLTAIRE

François-Marie Arouet de Voltaire, né à Paris en 1694, mort en 1778, a rempli les trois quarts du dix-huitième siècle de sa prodigieuse activité intellectuelle. Il n'est pas de sujet littéraire, philosophique, moral, religieux, historique,

Voltaire.

scientifique même qu'il n'ait touché et marqué de son empreinte. Après le brillant succès de sa tragédie d'*Œdipe*, il voyagea en Angleterre; il y fit connaissance avec les doctrines scientifiques et philosophiques de Newton [2] et de Locke [3]; il y apprit à connaître et à aimer la liberté, la tolérance, choses

1. Pathétique : qui touche l'âme.

2. Savant anglais qui a découvert la loi de la gravitation universelle (1642-1727).

3. Philosophe anglais (1632-1704).

alors inconnues en France. A son retour, il se mit à combattre tous les préjugés de son temps et de son pays. Incrédule jusqu'à l'impiété, sans cependant cesser de croire à Dieu et à l'âme, il s'attaqua surtout à la religion. Mais en même temps il défendait la liberté de conscience opprimée par le fanatisme religieux. La liste complète de ses ouvrages serait longue ; parmi les principaux citons : la *Henriade*, poème épique dont le sujet est Henri IV ; des tragédies, *Brutus*, la *Mort de César*, *Zaïre*, *Alzire*, *Mérope*, *Sémiramis*, *Oreste* et *Mahomet* ; des ouvrages d'histoire : *Essai sur les guerres civiles de France*, l'*Histoire de Charles XII*, le *Siècle de Louis XIV* ; des écrits littéraires : le *Temple du Goût*, les *Lettres sur les Anglais*, les *Commentaires sur Corneille*; des ouvrages scientifiques : les *Éléments de la philosophie de Newton*; des ouvrages philosophiques : le *Poème sur la loi naturelle*, l'*Essai sur les mœurs et l'esprit des nations*, le *Dictionnaire philosophique* ; enfin un très grand nombre de petits poèmes, d'épigrammes et de lettres. — Rarement homme a exercé, par le seul ascendant de l'esprit, une puissance aussi grande.

La tolérance.

Le droit naturel est celui que la nature indique à tous les hommes. Vous avez élevé votre enfant, il vous doit du respect comme à son père, et de la reconnaissance comme à son bienfaiteur. Vous avez droit aux productions de la terre que vous avez cultivée par vos mains. Vous avez donné et reçu une promesse, elle doit être tenue.

Le droit humain ne peut être fondé en aucun cas que sur ce droit de nature ; et le grand principe, le principe universel de l'un et de l'autre, est, dans toute la terre : « Ne fais pas ce que tu ne voudrais pas qu'on te fît. » Or on ne voit pas comment, suivant ce principe, un homme pourrait dire à un autre : « Crois ce que je crois, et ce que tu ne peux croire, ou tu périras. » C'est ce qu'on dit en Portugal, en Espagne, à Goa[1]. On se contente à présent, dans quelques autres pays, de dire : « Crois, ou je t'abhorre;

____

1. Ancienne colonie portugaise, aux Indes.

» crois, ou je te ferai tout le mal que je pourrai ; monstre,
» tu n'as pas ma religion, tu n'as donc point de reli-
» gion ; il faut que tu sois en horreur à tes voisins, à ta
» ville, à ta province. »

S'il était de droit humain de se conduire ainsi, il faudrait donc que le Japonais détestât le Chinois qui aurait
en exécration le Siamois ; celui-ci poursuivrait les Ganga-
rides [1], qui tomberaient sur les habitants de l'Indus ; un
Mogol arracherait le cœur au premier Malabare qu'il trou-
verait ; le Malabare pourrait égorger le Persan, qui pourrait massacrer le Turc ; et tous ensemble se jetteraient sur
les Chrétiens, qui se sont si longtemps dévorés les uns les
autres.

Le droit de l'intolérance est donc absurde et barbare ;
c'est le droit des tigres ; et il est bien plus horrible, car
les tigres ne déchirent que pour manger, et nous nous
sommes exterminés pour des paragraphes [2].

Mais quoi ! sera-t-il permis à chaque citoyen de ne
croire que sa raison, et de penser ce que cette raison éclai-
rée ou trompée lui dictera ? il le faut bien, pourvu qu'il ne
trouble point l'ordre ; car il ne dépend pas de l'homme de
croire ou de ne pas croire, mais il dépend de lui de respecter les usages de sa patrie ; et si vous disiez que c'est
un crime de ne pas croire à la religion dominante, vous
accuseriez donc vous-même les premiers chrétiens vos
pères, et vous justifieriez ceux que vous accusez de les avoir
livrés aux supplices.....

Il ne faut pas un grand art, une éloquence bien recher-
chée, pour prouver que des chrétiens doivent se tolérer
les uns les autres. Je vais plus loin : je vous dis qu'il faut
regarder tous les hommes comme nos frères. — Quoi ! mon
frère le Turc ? mon frère le Chinois ? le Juif ? le Siamois ?
— Oui, sans doute ; ne sommes-nous pas tous enfants du
même père, et créatures du même Dieu ?

Mais ces peuples nous méprisent ; mais ils nous traitent
d'idolâtres. Hé bien ! je leur dirai qu'ils ont grand tort. Il

1. Habitants des bords du Gange. | 2. C'est-à-dire pour des détails d'écri-
ture.

me semble que je pourrais étonner au moins l'orgueilleuse opiniâtreté d'un iman ou d'un talapoin [1], si je leur parlais à peu près ainsi:

Ce petit globe, qui n'est qu'un point, roule dans l'espace ainsi que tant d'autres globes; nous sommes perdus dans cette immensité; l'homme, haut d'environ cinq pieds, est assurément peu de chose dans la création. Un de ces êtres imperceptibles dit à quelques-uns de ses voisins, dans l'Arabie ou dans la Cafrerie: « Écoutez-moi, car le Dieu de tous » ces mondes m'a éclairé; il y a neuf cents millions de pe- » tites fourmis comme nous, sur la terre, mais il n'y a que » ma fourmilière qui soit chère à Dieu; toutes les au- » tres lui sont en horreur de toute éternité; elle sera » seule heureuse, et toutes les autres seront éternellement » infortunées. » Ils m'arrêteraient alors, et me demande- raient quel est le fou qui a fait cette sottise. Je serais obligé de leur répondre : C'est vous-mêmes. Je tâcherais en- suite de les adoucir; mais cela serait bien difficile.

Quand nous portons le deuil d'un roi de Suède, ou de Danemark, ou d'Angleterre ou de Prusse [2], disons-nous que nous portons le deuil d'un réprouvé qui brûle éternelle- ment en enfer? Il y a dans l'Europe quarante millions d'ha- bitants qui ne sont pas de l'Église de Rome, dirons-nous à chacun d'eux : « Monsieur, attendu que vous êtes infailli- » blement damné, je ne veux ni manger, ni contracter [3], ni » converser avec vous? »

O sectateurs d'un Dieu clément! si vous aviez un cœur cruel, si, en adorant celui dont toute la loi consistait en ces paroles: «Aimez Dieu et votre prochain, » vous aviez sur- chargé cette loi pure et sainte de sophismes [4] et de dis- putes incompréhensibles; si vous aviez allumé la discorde, tantôt pour un mot nouveau, tantôt pour une seule lettre de l'alphabet; si vous aviez attaché des peines éternelles à l'omission de quelques paroles, de quelques cérémonies que d'autres peuples ne pouvaient connaître, je vous dirais,

---

1. *Iman*, ministre de la religion mahométane; *Talapoin*, prêtre boud- histe de Siam.

2. Ces rois étaient protestants.

3. Signer un contrat, faire affaire.

4. Erreurs présentées sous l'appa- rence de la vérité.

en répandant des larmes sur le genre humain : « Trans-
» portez-vous avec moi au jour où tous les hommes seront
» jugés, et où Dieu rendra à chacun selon ses œuvres.

» Je vois tous les morts des siècles passés et du nôtre
» comparaître en sa présence. Êtes-vous bien sûrs que
» notre Créateur et notre Père dira au sage et vertueux Con-
» fucius [1], au législateur Solon, à Pythagore, à Zaleucus,
» à Socrate, à Platon [2], aux divins Antonins, au bon
» Trajan, à Titus [3], les délices du genre humain [4], à Épic-
» tète [5], à tant d'autres hommes, les modèles des hommes:
» Allez, monstres ; allez subir des châtiments infinis en
» intensité et en durée ; que votre supplice soit éternel
» comme moi ! Et vous, mes bien-aimés, Jean Châtel,
» Ravaillac [6], Damiens, Cartouche [7], etc., qui êtes morts
» avec les formules prescrites, partagez à jamais à ma
» droite mon empire et ma félicité. »

Vous reculez d'horreur à ces paroles ; et, après qu'elles
me sont échappées, je n'ai plus rien à vous dire.

Essai sur la tolérance.

La loi naturelle.

Soit qu'un être inconnu, par lui seul existant,
Ait tiré depuis peu, l'univers du néant ;
Soit qu'il ait arrangé la matière éternelle,
Qu'elle nage en son sein [8], ou qu'il règne loin d'elle ;
Que l'âme, ce flambeau, souvent si ténébreux,
Ou soit un de nos sens [9], ou subsiste sans eux ;
Vous êtes sous la main de ce maître invisible.
Mais du haut de son trône, obscur, inaccessible,
Quel hommage, quel culte exige-t-il de vous ?
De sa grandeur suprême indignement jaloux,
Des louanges, des vœux flattent-ils sa puissance ?
Est-ce le peuple altier conquérant de Byzance [10],

1. Philosophe chinois.
2. Philosophes grecs.
3. Empereurs romains.
4. Surnom de Titus.
5. Philosophe grec.
6. Assassins de Henri IV.

7. Assassins fameux.
8. Dans le sein de cet être.
9. Allusion à des doctrines philosophiques qui avaient cours au temps
de Voltaire.
10. Constantinople ; les Turcs.

Le tranquille Chinois, le Tartare indompté,
Qui connaît son essence, et suit sa volonté?
Différents dans leurs mœurs ainsi qu'en leur hommage,
Ils lui font tenir tous un différent langage :
Tous se sont donc trompés. Mais détournons les yeux
De cet impur amas d'imposteurs odieux ;
Et, sans vouloir sonder d'un regard téméraire
De la loi des chrétiens l'ineffable mystère,
Sans expliquer en vain ce qui fut révélé,
Cherchons par la raison si Dieu n'a point parlé.
La nature a fourni d'une main salutaire
Tout ce qui dans la vie à l'homme est nécessaire,
Les ressorts de son âme, et l'instinct de ses sens.
Le ciel à ses besoins soumet les éléments.
Dans les plis du cerveau la mémoire habitante
Y peint de la nature une image vivante.
Chaque objet de ses sens prévient la volonté ;
Le son dans son oreille est par l'air apporté ;
Sans efforts et sans soins son œil voit la lumière,
Sur son Dieu, sur sa fin, sur sa cause première,
L'homme est-il sans secours à l'erreur attaché ?
Quoi ! le monde est visible, et Dieu serait caché ?
Quoi ! le plus grand besoin que j'aie en ma misère
Est le seul qu'en effet je ne puis satisfaire?
Non ; le Dieu qui m'a fait ne m'a point fait en vain :
Sur le front des mortels, il mit son sceau divin.
Je ne puis ignorer ce qu'ordonna mon maître ;
Il m'a donné sa loi, puisqu'il m'a donné l'être.
Sans doute il a parlé, mais c'est à l'univers :
Il n'a point de l'Égypte habité les déserts ;
Delphes, Délos[1], Ammon[2], ne sont pas ses asiles ;
Il ne se cache point aux antres des sibylles[3].
La morale, uniforme en tout temps, en tout lieu,
A des siècles sans fin parle au nom de ce Dieu.
C'est la loi de Trajan, de Socrate, et la vôtre.

1. En Grèce, célèbres par des temples, où, disait-on, se rendaient des oracles.

2. L'oracle d'Ammon, en Égypte.

3. Prophétesses antiques.

De ce culte éternel la nature est l'apôtre.
Le bon sens la reçoit ; et les remords vengeurs,
Nés de la conscience, en sont les défenseurs ;
Leur redoutable voix partout se fait entendre.

Poème sur la loi naturelle.

JEAN-JACQUES ROUSSEAU

Jean-Jacques Rousseau a été l'un des écrivains les plus populaires et les plus influents du dix-huitième siècle. Né à Genève en 1712, d'une famille de sang français, il vint à Paris, après une enfance abandonnée et une jeunesse aven-

Jean-Jacques Rousseau.

tureuse. Blessé par les vices d'une société vieillie, il lui déclare la guerre, et entreprend de la régénérer en la transformant. Pour lui, l'homme est bon en sortant des mains de la nature ; ce qui le corrompt, c'est la civilisation ; il faut donc revenir à l'état de nature. Cette doctrine qui fit grand bruit, fut publiée par lui, pour la première fois, dans un mémoire présenté à l'Académie de Dijon sur cette question posée par elle : « Le progrès des arts et des sciences a-t-il contribué à corrompre ou à épurer les mœurs? » Elle se retrouve plus tard dans un traité de pédagogie, l'*Émile*, où Rousseau trace les règles d'une éducation conforme à la nature. Si la nature a fait l'homme bon, elle l'a fait aussi libre ; la souveraineté appartient donc au peuple ; la royauté n'a pas l'origine divine qu'elle s'attribue; l'état politique conforme à la nature est donc la république et non pas la monarchie. (*Contrat social.*) Il faut citer encore, parmi les ouvrages de J.-J. Rousseau, la *Nouvelle Héloïse*, roman qui passionna la société du dix-huitième siècle, la *Lettre sur les spectacles* et les *Lettres de la montagne*. — La philosophie de Rousseau a été plus sévère et plus pure que sa vie, racontée par lui dans les *Confessions*; d'après lui, nous avons directement conscience du bien, et tout, en nous et hors de nous, nous révèle l'existence de Dieu.

Les ouvrages de J.-J. Rousseau, singulier mélange de passion et de raisonnement, d'idées fausses et de sentiments généreux, sont écrits d'un style majestueux, éloquent, et imagé, qui en fait un des monuments les plus durables de la langue française.

J.-J. Rousseau mourut en 1778.

Le suicide.

Tu veux cesser de vivre, mais je voudrais bien savoir si tu as commencé. Quoi ! fus-tu placé sur la terre pour n'y rien faire? Le ciel ne t'impose-t-il point, avec la vie, une tâche pour la remplir? Si tu as fait ta journée avant le soir, repose-toi le reste du jour, tu le peux ; mais voyons ton ouvrage. Quelle réponse tiens-tu prête au juge suprême qui te demandera compte de ton temps? Malheureux ! trouve-moi ce juste qui se vante d'avoir assez vécu ; que j'apprenne de lui comment il faut avoir porté la vie pour être en droit de la quitter.

Tu comptes les maux de l'humanité, et tu dis : La vie est un mal. Mais regarde, cherche dans l'ordre des choses si tu y trouves quelques biens qui ne soient point mêlés de maux. Est-ce donc à dire qu'il n'y ait aucun bien dans l'univers, et peux-tu confondre ce qui est mal par sa nature, avec ce qui ne souffre le mal que par accident[1] ? La vie passive[2] de l'homme n'est rien, et ne regarde qu'un corps dont il sera bientôt délivré ; mais sa vie active et morale, qui doit influer sur tout son être, consiste dans l'exercice de sa volonté. La vie est un mal pour le méchant qui prospère, et un bien pour l'honnête homme infortuné ; car ce n'est pas une modification passagère, mais son rapport avec son objet[3], qui la rend ou bonne ou mauvaise.

Tu t'ennuies de vivre, et tu dis : La vie est un mal. Tôt ou tard, tu seras consolé, et tu diras : La vie est un bien. Tu diras plus vrai sans mieux raisonner, car rien n'aura changé que toi. Change donc dès aujourd'hui, et, puisque c'est dans la mauvaise disposition de ton âme qu'est le mal, corrige tes affections déréglées, et ne brûle pas ta maison pour n'avoir pas la peine de la ranger.

Que sont dix, vingt, trente ans, pour un être immortel ? La peine et le plaisir passent comme une ombre : la vie s'écoule en un instant ; elle n'est rien par elle-même ; son prix dépend de son emploi. Le bien seul qu'on a fait demeure, et c'est par lui qu'elle est quelque chose. Ne dis donc plus que c'est un mal pour toi de vivre, puisqu'il dépend de toi seul que ce soit un bien ; et si c'est un mal d'avoir vécu, ne dis pas non plus qu'il t'est permis de mourir, car autant vaudrait dire qu'il t'est permis de te révolter contre l'auteur de ton être, et de tromper ta destination.

Le suicide est une mort furtive[4] et honteuse ; c'est un vol fait au genre humain. Avant de le quitter, rends-lui

1. *Par nature*, par *accident* ; expressions philosophiques qui s'opposent l'une à l'autre. La nature d'une chose est l'ensemble des caractères dont elle ne peut être dépouillée sans cesser d'être ; l'accident est tout ce qui arrive à une chose, sans en altérer la nature. Ainsi, l'homme est raisonnable : raisonnable fait partie de sa nature ; vous avez une mémoire fidèle : c'est là un accident.

2. Ce qu'il y a de passif dans la vie humaine ; ce que l'homme subit et ne produit pas.

3. L'objet de la vie est la réalisation du bien ; elle est donc bonne ou mauvaise, selon qu'elle le réalise ou ne le réalise pas.

4. Qui se fait à la dérobée, comme un vol.

ce qu'il a fait pour toi. — Mais je ne tiens à rien, je suis inutile au monde. — Philosophe d'un jour ! ignores-tu que tu ne saurais faire un pas sur la terre sans trouver quelque devoir à remplir, et que tout homme est utile à l'humanité, par cela seul qu'il existe ?

Jeune insensé ! s'il te reste au fond du cœur le moindre sentiment de vertu, viens que je t'apprenne à aimer la vie. Chaque fois que tu seras tenté d'en sortir, dis en toi-même : Que je fasse encore une bonne action avant que de mourir ; puis va chercher quelque indigent à secourir, quelque infortuné à consoler, quelque opprimé à défendre. Si cette considération te retient aujourd'hui, elle te retiendra demain, après-demain, toute la vie. Si elle ne te retient pas, meurs, tu n'es qu'un méchant.

La Nouvelle Héloïse.

DIDEROT

Denis Diderot naquit en 1713. Son père, un honorable coutelier de Langres, le destinait aux ordres ; l'enfant, élevé par les Jésuites, devint un des philosophes les plus incrédules du dix-huitième siècle. A cette époque, où la pensée humaine affranchie mettait en question tout ce que le dix-septième siècle avait adoré et respecté, religion, royauté, état social et politique, Diderot occupa une place importante parmi les écrivains et les penseurs. Il fut le fondateur, l'éditeur et l'un des auteurs principaux de l'*Encyclopédie* dont nous parlerons à propos de d'Alembert. Ce qui le caractérise, c'est la fécondité et la hardiesse ; pendant plus de trente ans, chaque jour il produit quelque idée nouvelle et audacieuse. Mais beaucoup de ses œuvres ne sont que des ébauches tracées d'une plume puissante, mais enfiévrée et souvent licencieuse. Comme on l'a dit, il jette sa prose à tous les vents avec l'audace d'un enfant terrible. Il a écrit des drames, le *Père de famille*, des romans, *Jacques le Fataliste*, le *Neveu de Rameau*, et des fragments et des dissertations innombrables sur des questions d'art, de littérature, de philosophie, de science et d'histoire. Il mourut en 1784.

Nul n'a le droit de se mettre au-dessus des lois.

Il faut que je vous rapporte l'histoire du *cordonnier* de Messine [1]. L'historien raconte que né vertueux, ami de l'ordre et de la justice, il avait beaucoup à souffrir dans un pays où les lois n'étaient pas seulement sans vigueur, mais sans exercice. Chaque jour était marqué par quelque crime. Des assassins connus marchaient tête levée, et bravaient l'indignation publique. Des parents se désolaient sur leurs filles séduites et jetées du déshonneur dans la misère par la cruauté des ravisseurs.

Le monopole [2] enlevait à l'homme laborieux sa subsistance et celle de ses enfants; des concussions [3] de toute espèce arrachaient des larmes amères aux citoyens opprimés. Les coupables échappaient au châtiment, ou par leur crédit, ou par leur argent ou le subterfuge des formes [4]. Le *cordonnier* voyait tout cela; il en avait le cœur percé, et il rêvait sans cesse sur sa selle [5] aux moyens d'arrêter ces désordres.

LE PRIEUR.

Que pouvait un pauvre diable comme lui ?

MON FRÈRE.

Vous allez le savoir. Un jour, il établit une cour de justice dans sa boutique.

LE PRIEUR.

Comment cela ?

MOI.

Le prieur voudrait qu'on lui expédiât un récit comme il expédie ses matines [6].

LE PRIEUR.

Pourquoi non? L'art oratoire veut que le récit soit bref, et l'Évangile que la prière soit courte.

1. Ville de Sicile.
2. Privilège accordé à certaines personnes à l'exclusion de toutes les autres.
3. Malversation dans l'administration des deniers publics.

4. Il s'agit ici des formes de la procédure judiciaire.

5. Escabeau.

6. Office du matin.

MON FRÈRE.

Au bruit de quelque délit atroce, il en informait ; il en poursuivait chez lui une instruction rigoureuse et secrète. Sa double fonction de rapporteur et de juge remplie, le procès criminel parachevé et la sentence prononcée, il sortait avec une arquebuse sous son manteau, et le jour, s'il rencontrait les malfaiteurs dans quelques lieux écartés, ou la nuit, dans leurs tournées, il vous leur déchargeait équitablement cinq ou six balles à travers le corps.

LE PRIEUR.

Je crains bien que ce brave homme-là n'ait été rompu vif. J'en suis fâché.

MON FRÈRE.

Après l'exécution, il laissait le cadavre sur la place, sans en approcher, et regagnait sa demeure, content comme quelqu'un qui aurait tué un chien enragé.

LE PRIEUR.

En tua-t-il beaucoup de ces chiens-là ?

MON FRÈRE.

On en comptait plus de cinquante, et tous de haute condition ; lorsque le vice-roi proposa deux mille écus de récompense au délateur, et jura, en face des autels, de pardonner au coupable, s'il se déférait lui-même.

LE PRIEUR.

Quelque sot !

MON FRÈRE.

Dans la crainte que le soupçon et le châtiment ne tombassent sur un innocent...

LE PRIEUR.

Il se présenta au vice-roi !

MON FRÈRE.

Il lui tint ce discours : « J'ai fait votre devoir. C'est
» moi qui ai condamné et mis à mort les scélérats que
» vous deviez punir. Voilà les procès-verbaux qui con-
» statent leurs forfaits. Vous y verrez la marche de la
» procédure judiciaire que j'ai suivie. J'ai été tenté de
» commencer par vous, mais j'ai respecté dans votre

» personne le maître auguste que vous représentez. Ma
» vie est entre vos mains, et vous en pouvez disposer. »

LE PRIEUR.

Ce qui fut fait ?

MON FRÈRE.

Je l'ignore ; mais je sais qu'avec tout ce beau zèle pour
la justice, cet homme n'était qu'un meurtrier.

Entretien d'un père avec ses enfants.

D'ALEMBERT

Jean le Rond d'Alembert naquit en 1717 et mourut en
1783. — Jean le Rond était le nom d'une petite église de
Paris, sur les marches de laquelle fut trouvé, en 1717, l'enfant qui devait illustrer le nom de d'Alembert. Élevé par des
artisans, pour lesquels il eut une affection durable, d'Alembert montra jeune encore de rares aptitudes pour les mathématiques. Lié avec les philosophes du dix-huitième
siècle, Voltaire, Diderot, Helvétius, d'Holbach, il collabora à
l'*Encyclopédie*, dont l'action, en popularisant la science et la
philosophie, fut si grande sur l'esprit public. L'*Encyclopédie*
est un immense ouvrage où se trouve résumée toute la
science et toute la philosophie du dix-huitième siècle. D'Alembert en a ainsi défini le but dans la *Préface* : « L'ouvrage
que nous commençons a deux objets : comme *encyclopédie*,
il doit exposer, autant qu'il est possible, l'ordre et l'enchaînement des connaissances humaines ; comme *dictionnaire
raisonné des sciences, des arts et des métiers*, il doit contenir
sur chaque science et sur chaque art soit libéral, soit mécanique, les principes généraux qui en sont la base, et les détails les plus essentiels qui en font le corps et la substance. »
— D'Alembert dut sa réputation de savant à d'importants
ouvrages de mathématiques. Incrédule en religion, mais
tolérant, savant plus que littérateur, il montra toute sa vie
une grande indépendance de caractère. Ainsi il refusa d'accepter du roi de Prusse la présidence de l'Académie de
Berlin.

La liberté morale.

La notion du juste et de l'injuste en suppose une autre, celle de la liberté ; car si l'homme n'était pas libre, toute idée de mal se réduirait au mal physique [1]. C'est donc renverser l'ordre naturel des idées, que de vouloir prouver l'existence de la liberté par celle du bien et du mal moral. C'est prouver une vérité qui n'est que de sentiment [2], c'est-à-dire de l'ordre le plus simple, par une vérité sans doute aussi incontestable, mais qui dépend d'une suite de notions plus combinées. Nous disons que l'existence de la liberté n'est qu'une vérité de sentiment, et non pas de discussion [3] ; il est facile de s'en convaincre, car le sentiment de notre liberté consiste dans le sentiment du pouvoir que nous avons de faire une action contraire à celle que nous faisons actuellement. Ainsi, la notion de la liberté ne peut être qu'une vérité de conscience [4]. En un mot, la seule preuve dont cette vérité soit susceptible, est analogue à celle de l'existence des corps [5] ; des êtres réellement libres n'auraient pas un sentiment plus vif de leur liberté que celui que nous avons de la nôtre ; nous devons donc croire que nous sommes libres. D'ailleurs, quelle difficulté pourrait présenter cette grande question, si on voulait la réduire au seul énoncé net dont elle soit susceptible ? Demander si l'homme est libre, ce n'est pas se demander s'il agit sans motif et sans cause, ce qui serait impossible, mais s'il agit par choix et sans contrainte [6] ; et sur cela il suffit d'en appeler au témoignage universel

1. On appelle *mal physique*, en philosophie, la douleur physique; le mal moral est la violation du devoir. Si l'homme agissait par contrainte ou par nécessité, il n'y aurait pas de devoir.

2. Une vérité qui se sent, qui apparaît d'elle-même, et ne dépend pas d'autres vérités.

3. Les vérités de discussion sont celles qui résultent d'un raisonnement.

4. Conscience ici n'est pas le senti-ment du bien et du mal; c'est, d'une façon plus générale, le sentiment de nous-même et de tout ce qui se passe en nous.

5. On ne prouve pas l'existence des corps? on les voit, on les sent.

6. Allusion à des débats philosophiques célèbres. Le motif est une raison d'agir qui ne détermine pas nécessairement notre action. Agir par choix, c'est choisir entre plusieurs motifs d'action.

de tous les hommes. Quel est le malheureux, prêt à périr pour ses forfaits, qui ait jamais pensé à s'en justifier, en soutenant à ses juges qu'une nécessité inévitable l'a entraîné dans le crime [1] ?   *Éléments de philosophie.*

VAUVENARGUES

Luc de Clapiers, marquis de Vauvenargues, né en 1715 à Aix, est une des figures les plus sympathiques du dix-huitième siècle. Soldat à dix-sept ans, bientôt épuisé par les fatigues de la guerre, atteint d'un mal qui devait l'enlever à trente-cinq ans, il s'attacha à l'étude de l'homme. Ame généreuse et pure, éprise du devoir, il s'est appliqué à découvrir dans l'homme, non ce qui l'abaisse, mais tout ce qui peut l'élever et l'ennoblir. Ses principaux ouvrages sont une *Introduction à la connaissance de l'esprit humain* et des *Maximes.*

Du courage et des passions nobles.

Le vrai courage est une des qualités qui supposent le plus de grandeur d'âme. J'en remarque beaucoup de sortes : un courage contre la fortune, qui est philosophie [2] ; un courage contre la misère, qui est patience [3] ; un courage à la guerre, qui est valeur ; un courage dans les entreprises, qui est hardiesse ; un courage fier et téméraire, qui est audace ; un courage contre l'injustice, qui est fermeté ; un courage contre le vice, qui est sévérité ; un courage de réflexion [4], de tempérament [5], etc. Il n'est pas ordinaire qu'un même homme assemble tant de qualités. Octave [6], dans le plan de sa fortune, élevée sur

1. Si l'homme n'était pas libre, il n'y aurait ni crime, ni vertu, puisque le crime c'est le mal volontairement fait, et la vertu le bien volontairement réalisé.

2. *Philosophie* ici est pris dans son sens pratique; résignation à l'ordre du monde.

3. *Patience* vient d'un mot latin qui signifie souffrir, supporter.

4. Un courage acquis.

5. Le tempérament, c'est l'ensemble des qualités naturelles d'un individu.

6. Celui qui fut Auguste, le premier empereur romain.

des précipices [1], bravait des périls éminents [2]; mais la mort, présente à la guerre, ébranlait son âme. Un nombre innombrable de Romains, qui n'avaient jamais craint la mort dans les batailles, manquaient de cet autre courage qui soumit la terre à Auguste.

La petitesse est la source d'un nombre incroyable de vices : de l'inconstance, de la légèreté, de la vanité, de l'envie, de l'avarice, de la bassesse. Elle rétrécit notre esprit autant que la grandeur d'âme l'élargit; mais elle est malheureusement inséparable de l'humanité, et il n'y a point d'âme si forte qui en soit tout à fait exempte...

Si vous avez quelque passion qui élève vos sentiments, qui vous rende plus généreux, plus compatissant, plus humain, qu'elle vous soit chère. En toute occasion, quand vous vous sentirez porté vers quelque bien, lorsque votre beau naturel vous sollicitera pour les misérables, hâtez-vous de vous satisfaire; craignez que le temps, le conseil, n'emportent ces bons sentiments, et n'exposez pas votre cœur à perdre un si cher avantage. Il ne tient pas à vous de devenir riche, d'obtenir des emplois ou des honneurs; mais rien ne vous peut empêcher d'être bon, généreux et sage. Préférez la vertu à tout, vous n'y aurez jamais de regret. Il peut arriver que les hommes, qui sont envieux et légers, vous fassent éprouver un jour leur injustice; des gens méprisables usurpent la réputation due au mérite, et jouissent insolemment de son partage; c'est un mal, mais il n'est pas tel que le monde se le figure; la vertu vaut mieux que la gloire.

Introduction à la connaissance de l'esprit humain. —
Conseils à un jeune homme.

BEAUMARCHAIS

Pierre-Augustin de Beaumarchais (1733-1799) fut un des esprits les plus actifs du dix-huitième siècle. Un de ses bio-

---

1. Espaces profonds, aux bords escarpés, où l'on tombe de haut.

2. Éminent signifie étymologiquement plus élevé que le reste.

graphes, M. de Loménie, a fait de sa vie le résumé suivant :
« Horloger, musicien, chansonnier, dramaturge, auteur comique, homme de plaisir, homme de cour, homme d'affaires, financier, manufacturier, éditeur, armateur, fournis-
seur, agent secret, négociateur, publiciste, tribun par occasion, homme de paix par goût, et cependant plaideur éternel, faisant tous les métiers, Beaumarchais a mis la main
dans la plupart des événements, grands et petits, qui ont
précédé la Révolution française. » Il est aussi de ceux qui
l'ont préparée, par ses *Mémoires* où le parlement était tourné
en ridicule, par ses comédies, en particulier le *Mariage de
Figaro*, où la noblesse n'était pas épargnée. Beaumarchais a
élargi le cadre de la comédie; il y a fait entrer, sous une
forme vive, spirituelle et saisissante le pamphlet politique;
son Figaro, c'est l'homme nouveau, l'homme de rien, voulant arriver à tout, se sentant capable d'y parvenir, à force
d'esprit, d'activité et d'audace.

La calomnie.

BARTHOLO. — Ah ! don [1] Basile, vous veniez donner à
Rosine [2] sa leçon de musique ?

BASILE. — C'est ce qui presse le moins.

BARTHOLO. — J'ai passé chez vous sans vous trouver.

BASILE. — J'étais sorti pour vos affaires. Apprenez une
nouvelle assez fâcheuse.

BARTHOLO. — Pour vous ?

BASILE. — Non, pour vous. Le comte Almaviva [3] est en
cette ville.

BARTHOLO. — Parlez bas [4]. Celui qui faisait chercher
Rosine dans tout Madrid ?

BASILE. — Il loge à la grande place, et sort tous les
jours déguisé.

BARTHOLO. — Il n'en faut point douter, cela me regarde, et que faire ?

BASILE. — Si c'était un particulier, on viendrait à bout
de l'écarter.

1. Don, titre d'honneur, usité en
Espagne.
2. Pupille de Bartholo.

3. Grand seigneur qui aime Rosine.
4. Le vieux Bartholo qui veut épou-
ser Rosine est jaloux.

BARTHOLO. — Oui, en s'embusquant le soir, armé, cuirassé...

BASILE. — *Bone Deus*[1] ! se compromettre ! susciter une méchante affaire, et, pendant la fermentation, calomnier à dire d'experts[2], *concedo*[3].

BARTHOLO. — Singulier moyen de se défaire d'un homme !

BASILE. — La calomnie, monsieur? Vous ne savez guère ce que vous dédaignez. J'ai vu les plus honnêtes gens près d'en être accablés. Croyez qu'il n'y a pas de plate méchanceté, pas d'horreur, pas de conte absurde, qu'on ne fasse adopter aux oisifs d'une grande ville en s'y prenant bien ; et nous avons ici des gens d'une adresse!.. D'abord un bruit léger, rasant le sol comme l'hirondelle avant l'orage, *pianissimo*[4] murmure, et file, et sème en courant le trait empoisonné. Telle bouche le recueille et, *piano, piano*, vous le glisse en l'oreille adroitement. Le mal est fait ; il germe, il rampe, il chemine et, *rinforzando*[5], de bouche en bouche, il va le diable ; puis, tout à coup, ne sais comment, vous voyez calomnie se dresser, siffler, s'enfler, grandir à vue d'œil. Elle s'élance, étend son vol, tourbillonne, enveloppe, arrache, entraîne, éclate et tonne et devient, grâce au ciel, un cri général, un *crescendo*[6] public, un *chorus*[7] universel de haine et de proscription. Qui diable y résisterait?

BARTHOLO. — Mais quel radotage me faites-vous donc là, Basile? Et quel rapport ce *piano crescendo* peut-il avoir à ma situation ?

BASILE. — Comment, quel rapport ! Ce qu'on fait partout pour écarter son ennemi, il faut le faire ici pour empêcher le vôtre d'approcher.

Le Barbier de Séville, acte II, scène VIII.

---

1. Bon Dieu !

2. Des experts sont des arbitres nommés pour trancher un différend ; leur sentence est définitive ; à dire d'experts signifie par suite sans réserve.

3. Je l'accorde, je le veux bien !

4. Terme de musique : *pianissimo* est le superlatif de *piano* qui veut dire *doucement*.

5. Terme de musique, en *renforçant progressivement le son*.

6. Accroissement de force des sons.

7. Chœur.

FLORIAN

Jean-Pierre Claris de Florian, né au château de Florian (Gard), en 1755, mort en 1794, est surtout connu pour ses fables qui, sans égaler celles de La Fontaine, ne sont pas dépourvues de naturel et de grâce. Il a écrit aussi des romans champêtres, inspirés de ce faux et fade sentiment de la nature qui, à la fin du dix-huitième siècle, poussait les grands seigneurs et les grandes dames à se déguiser en bergers et en bergères.

La fraternité.

L'AVEUGLE ET LE PARALYTIQUE

Aidons-nous mutuellement,
La charge des malheurs en sera plus légère ;
Le bien que l'on fait à son frère
Pour le mal que l'on souffre est un soulagement.

Dans une ville de l'Asie
Il existait deux malheureux,
L'un perclus, l'autre aveugle, et pauvres tous les deux.
Ils demandaient au ciel de terminer leur vie ;
Mais leurs cris étaient superflus :
Ils ne pouvaient mourir. Notre paralytique,
Couché sur un grabat dans la place publique,
Souffrait sans être plaint : il en souffrait bien plus.
L'aveugle à qui tout pouvait nuire,
Était sans guide, sans soutien,
Sans avoir même un pauvre chien
Pour l'aimer et pour le conduire.
Un certain jour il arriva
Que l'aveugle à tâtons, au détour d'une rue,
Près du malade se trouva ;
Il entendit ses cris, son âme en fut émue :
Il n'est tels que les malheureux
Pour se plaindre les uns les autres.
« J'ai mes maux, lui dit-il, et vous avez les vôtres ;

Unissons-les, mon frère, ils seront moins affreux.
— Hélas ! dit le perclus, vous ignorez, mon frère,
    Que je ne puis faire un seul pas.
    Vous-même vous n'y voyez pas.
A quoi nous servirait d'unir notre misère ?
— A quoi ! répond l'aveugle : écoutez, à nous deux
Nous possédons le bien à chacun nécessaire ;
    J'ai des jambes, et vous des yeux :
Moi, je vais vous porter ; vous, vous serez mon guide :
Vos yeux dirigeront mes pas mal assurés.
Mes jambes, à leur tour, iront où vous voudrez.
Ainsi sans que jamais notre amitié décide
Qui de nous deux remplit le plus utile emploi,
Je marcherai pour vous, vous y verrez pour moi. »

Fables.

BERNARDIN DE SAINT-PIERRE

Bernardin de Saint-Pierre, né au Havre, en 1737, mort
en 1814. Après une vie d'aventures qui, au sortir de l'École
des ponts et chaussées, le conduisit à travers l'Allemagne,
la Hollande, la Russie, la Pologne, la Finlande, l'Autriche
et la Prusse, et le mena jusqu'à l'Ile de France, Bernardin
de Saint-Pierre écrivit, entre autres ouvrages, les *Études de
la nature*, les *Harmonies de la nature* et *Paul et Virginie*. Disciple de Rousseau, auquel il emprunte un sentiment vif et
vrai de la nature, et les idées élevées du spiritualisme religieux, Bernardin de Saint-Pierre unit dans ses ouvrages la
poésie à la science.

L'armée prussienne au dix-huitième siècle.

L'exercice se fait tous les jours à onze heures, quelque
temps qu'il fasse. A Potsdam [1], les princes de Brunswick
et le prince royal y vont régulièrement ; il est rare même
que le roi [2] y manque. Chaque soldat est d'une propreté re-

---

1. Ville de Prusse, où se trouve un célèbre château royal.

2. Frédéric le Grand, un des plus grands capitaines des temps modernes, un des fondateurs de la puissance prussienne.

cherchée ; ils sont tous en linge blanc, en guêtres blanches ; les yeux sont éblouis de l'éclat des armes et des bonnets de cuivre. L'heure sonnant, les pelotons et les lignes se forment ; l'ordre est admirable et l'aspect terrible. Cette forêt de baïonnettes toutes égales, ces épaules, ces bras, ces pieds posés semblablement, ces visages où règne une seule physionomie, ce silence profond de cette multitude, est le chef-d'œuvre de la discipline militaire. Au son bruyant des fifres et des tambours, se meut ensemble cette vaste ligne, aussi précise dans ses mouvements qu'exacte dans son repos. Rien ne flotte, soit qu'elle se partage en divisions, qu'elle double ses rangs, ou qu'elle étende ses files ; vous la voyez sans confusion tourner à droite, à gauche, avancer, reculer, se resserrer, tirer par pelotons ou en billebaude[1]. Tantôt on croirait au bruit qu'un seul feu est sorti d'une même arme, tantôt qu'un seul homme a tiré successivement cette multitude de fusils. Le châtiment suit de près les moindres fautes, mais les coups de canne se donnent sans colère et se reçoivent sans rancune. On punit par les arrêts les officiers, les princes de Brunswick, et même le prince royal. L'exercice n'est pour personne un amusement, c'est une occupation sérieuse d'où dépend la force de l'État et le respect de la couronne. Souvent le roi fait des exercices généraux où il est défendu aux étrangers de se trouver. C'est pour l'ordinaire l'essai de quelque nouvelle manœuvre. On tente de faire sauter des fossés à toute une ligne de cavalerie, de passer un gué, de traverser une rivière avec de nouveaux pontons[2], de gravir sur une hauteur[3], de faire une retraite en face d'un ennemi supérieur. Dans ces manœuvres, son génie lui offre une infinité de ressources. Un rideau, un chemin creux, les maisons d'un village, le cimetière, l'église, le clocher, sont autant de postes dont il

---

1. Terme familier qui signifie confusion, désordre ; *tirer en billebaude,* tirer à volonté ; ne se dit plus.

2. Pont flottant composé de bateaux reliés par des poutres et recouverts de planches. En un autre sens on appelle encore *pontons* des bâtiments à fond plat ou de vieux bâtiments de guerre démâtés.

3. Le verbe *gravir* s'emploie aussi activement : gravir une muraille, une montagne.

apprend à tirer parti. Quelquefois il arrive qu'il est battu malgré ses dispositions, alors il fait mettre l'officier qui commande aux arrêts, sous prétexte de quelque faute particulière ; car il est jaloux même de la gloire qui s'acquiert dans ces sortes de jeux.   *Voyage en Prusse.*

MIRABEAU

Honoré-Gabriel Riquetti, comte de Mirabeau, naquit à Bignon, dans le Gâtinais, en 1749. Son père était lié avec les *économistes*, c'est-à-dire avec les penseurs qui créèrent au dix-huitième siècle l'économie politique ou science de la production et de la distribution de la richesse. — Après une

Mirabeau.

jeunesse orageuse, Mirabeau commença à s'occuper de politique en 1784 ; il fut alors chargé par le ministre Calonne d'une mission secrète en Prusse. En 1789, il fut élu aux États généraux comme représentant du tiers-état. Il contribua par sa puissante éloquence à l'abolition des privilèges de l'ancien régime et au triomphe de la Révolution. Mais attaché à la royauté, il se rapprocha d'elle quand il la vit menacée. Il mourut en 1791.

Inconstance de la faveur populaire.

C'est une étrange manie, c'est un déplorable aveuglement que celui qui anime ainsi les uns contre les autres des hommes qu'un même but, un sentiment indestructible devraient, au milieu des débats les plus acharnés, toujours rapprocher, toujours réunir ; des hommes qui substituent ainsi l'irascibilité de l'amour-propre au culte de la patrie, et se livrent les uns les autres aux préventions populaires ! Et moi aussi, on voulait, il y a peu de jours, me porter en triomphe, et maintenant on crie dans les rues : « *La grande trahison de Mirabeau!* » Je n'avais pas besoin de cette leçon pour savoir qu'il y a peu de distance du Capitole à la roche Tarpéienne[1]. Mais l'homme qui combat pour la raison, pour la patrie, ne se tient pas si aisément pour vaincu. Celui qui a la conscience d'avoir bien mérité de son pays, et surtout de lui être encore utile ; celui que ne rassasie pas une vaine célébrité, et qui dédaigne les succès d'un jour pour la véritable gloire ; celui qui veut dire la vérité, qui veut faire le bien public, indépendamment des mobiles mouvements de l'opinion populaire : cet homme porte avec lui la récompense de ses services, le charme de ses peines et le prix de ses dangers. Il ne doit attendre sa moisson, sa destinée, la seule qui l'intéresse, la destinée de son nom, que du temps, ce juge incorruptible qui fait justice à tous. Que ceux qui prophétisaient depuis huit jours mon opinion sans la connaître, qui calomnient en ce moment mon discours sans l'avoir compris, m'accusent d'encenser des idoles impuissantes au moment où elles sont renversées, ou d'être le vil stipendié des hommes que je

---

1. Le Capitole, une des collines de Rome ancienne, où était construit, entre autres temples, celui de Jupiter. Les triomphateurs montaient au Ca-pitole. — La roche Tarpéienne, rocher voisin du Capitole. On précipitait de cette roche les citoyens coupables de haute trahison.

n'ai cessé de combattre[1]; qu'ils dénoncent comme un ennemi de la révolution celui qui peut-être n'y a pas été inutile, et qui, cette révolution fût-elle étrangère à sa gloire, pourrait là seulement trouver sa sûreté; qu'ils livrent aux fureurs du peuple celui qui, depuis vingt ans, combat toutes les oppressions, et qui parlait aux Français de liberté, de constitution, de résistance, lorsque ses vils calomniateurs suçaient le lait des cours et vivaient de tous les préjugés dominants. Que m'importe! ces coups de bas en haut ne m'arrêteront pas dans ma carrière. Je leur dirai: « Répondez, si vous pouvez; calomniez ensuite tant que vous voudrez. »

ANDRÉ CHÉNIER

Marie-André de Chénier naquit en 1762 à Constantinople où son père était consul de France. Il vint jeune en France, avec son frère Marie-Joseph, qui devait se faire lui aussi un nom dans les lettres. Ami de la liberté, mais adversaire des excès de la Révolution, il les combattit dans les journaux royalistes et en fut victime. Il mourut sur l'échafaud en 1794. Il a écrit des idylles, des élégies, des odes, des fragments de grands poèmes d'une forme pure et simple, d'une langue savante, harmonieuse et colorée. Son influence littéraire a été grande sur les poètes de la première partie du dix-neuvième siècle.

La France.

France! ô belle contrée, ô terre généreuse,
Que les dieux complaisants, firent pour être heureuse,
Tu ne sens point du nord les glaçantes horreurs;
Le midi de ses feux t'épargne les fureurs.
Tes arbres innocents[2] n'ont point d'ombres mortelles,
Ni des poisons épars dans tes herbes nouvelles
Ne trompent une main crédule! ni tes bois

---

1. On accusait Mirabeau de s'être vendu à la cour.
2. Qui ne contiennent pas des par-fums empoisonnés, qui ne peuvent nuire.

Des tigres frémissants ne redoutent la voix ;
Ni les vastes serpents ne traînent, sur tes plantes,
En longs cercles hideux, leurs écailles sonnantes.
Les chênes, les sapins et les ormes épais
En utiles rameaux ombragent tes sommets [1] ;
Et de Beaune et d'Aï [2] les rives fortunées,
Et la riche Aquitaine, et les hauts Pyrénées [3],
Sous leurs bruyants pressoirs font couler en ruisseaux
Des vins délicieux mûris sur leurs coteaux.
La Provence odorante et de Zéphire [4] aimée
Respire sur les mers [5] une haleine embaumée,
Au bord des flots couvrant [6], délicieux trésor,
L'orange et le citron de leur tunique d'or,
Et plus loin, au penchant des collines pierreuses,
Formant la grasse olive aux liqueurs savoureuses,
Et ces réseaux légers, diaphanes habits,
Où la fraîche grenade enferme ses rubis.
Sur tes rochers touffus la chèvre se hérisse,
Tes prés enflent de lait la féconde génisse,
Et tu vois les brebis, sur le jeune gazon,
Épaissir le tissu de leur blanche toison.
Dans les fertiles champs voisins de la Touraine,
Dans ceux où l'Océan boit l'urne de la Seine [7],
S'élèvent, pour le frein, des coursiers belliqueux.
Ajoutez cet amas de fleuves tortueux :
L'indomptable Garonne aux vagues insensées,
Le Rhône impétueux, fils des Alpes glacées,
La Seine au flot royal, la Loire dans son sein
Incertaine [8], et la Saône, et mille autres enfin [9]
Qui, nourrissant partout, sur tes nobles rivages,
Fleurs, moissons et vergers, et bois et pâturages,
Rampant au pied des murs d'opulentes cités,

1. Les sommets des collines et des montagnes de France.
2. Beaune, en Bourgogne. Aï, en Champagne, célèbres par leurs vins.
3. Les hauts monts qui s'appellent Pyrénées.
4. Vent d'ouest.
5. La Provence est en quelque sorte assise sur la mer Méditerranée.
6. Couvrant se rapporte à Provence ; la phrase est mal construite.
7. Où la mer reçoit les eaux de la Seine, en Normandie.
8. La Loire change souvent de cours au milieu de bancs de sable.
9. Mille autres fleuves.

Sous les arches de pierre à grand bruit emportés.
Dirai-je ces travaux, sources de l'abondance,
Ces ports où des deux mers l'active bienfaisance
Amène les tributs du rivage lointain
Que visite Phébus, le soir ou le matin [1] ?
Dirai-je ces canaux, ces montagnes percées ;
De bassins en bassins ces ondes amassées
Pourjoindre au pied des monts l'une et l'autre Téthys [2] ?
Et ces vastes chemins en tous lieux départis,
Où l'étranger, à l'aise achevant son voyage,
Pense au nom des Trudaine [3] et bénit leur ouvrage ?

———

CHATEAUBRIAND

François-René, vicomte de Chateaubriand, né à Saint-Malo en 1768, mort en 1845. Émigré pendant la révolution, il publia, à son retour en France, en 1802, le *Génie du christianisme*, où il célébrait la religion chrétienne au moment où Bonaparte en restaurait le culte. Cette œuvre, pleine de sentiment et d'imagination, fut suivie des *Martyrs*, sorte de roman poétique et religieux. Outre ces ouvrages dont l'influence fut grande, Chateaubriand, qui joua un rôle actif sous les gouvernements de Louis XVIII et de Charles X, a publié des *Études historiques*. Il a laissé des mémoires politiques et historiques qui furent publiés seulement après sa mort sous le nom de *Mémoires d'outre tombe*.

L'instinct de la patrie.

Le plus beau, le plus moral des instincts, c'est l'amour de la patrie. Si cette loi n'était soutenue par un miracle toujours subsistant, et auquel, comme à tant d'autres, nous ne faisons aucune attention, les hommes se précipiteraient dans les zones tempérées, en laissant le reste du

---

1. Les contrées de l'Orient et de l'Occident.

2. Le canal du Midi, qui fait communiquer l'Océan avec la Méditerranée ; Téthys, nom poétique de la mer.

3. Daniel Trudaine (1703-1769), directeur de ponts et chaussées, fit construire les principales routes qui aboutissent à Paris. Ses petits-fils étaient les amis d'André Chénier.

globe désert. On peut se figurer quelles calamités résulteraient de cette réunion du genre humain sur un seul point de la terre. Afin d'éviter ces malheurs, la Providence a, pour ainsi dire, attaché les pieds de chaque

Chateaubriand,

homme à son sol natal par un aimant invincible : les glaces de l'Islande [1] et les sables embrasés de l'Afrique ne manquent point d'habitants.

Il est même digne de remarquer que plus le sol d'un pays est ingrat, plus le climat en est rude, ou, ce qui revient au même, plus on a souffert de persécutions dans ce pays, plus il a de charmes pour nous. Chose étrange et sublime, qu'on s'attache par le malheur, et que l'homme qui n'a perdu qu'une chaumière soit celui-là même qui regrette davantage le toit paternel ! La raison de ce phénomène, c'est que la prodigalité d'une terre trop fertile détruit, en nous enrichissant, la simplicité des liens na-

1. Grande île de l'Océan glacial arctique.

turels qui se forment de nos besoins; quand on cesse d'aimer ses parents, parce qu'ils ne nous sont plus nécessaires, on cesse, en effet, d'aimer sa patrie.

Tout confirme la vérité de cette remarque. Un sauvage tient plus à sa hutte qu'un prince à son palais, et le montagnard trouve plus de charme à sa montagne que l'habitant de la plaine à son sillon. Demandez à un berger écossais s'il voudrait changer son sort contre le premier potentat de la terre. Loin de sa tribu chérie, il en garde partout le souvenir, partout il redemande ses troupeaux, ses torrents, ses nuages. Il n'aspire qu'à manger du pain d'orge, à boire le lait de la chèvre, à chanter dans la vallée ses ballades[1] que chantaient aussi ses aïeux. Il dépérit s'il ne retourne au lieu natal. C'est une plante de la montagne, il faut que sa racine soit dans le rocher; elle ne peut prospérer si elle n'est battue des vents et des pluies : la terre, les abris et le soleil de la plaine la font mourir...

Chez les peuples civilisés, l'amour de la patrie a fait des prodiges. Dans les desseins de Dieu il y a toujours une suite[2] : il a fondé sur la nature l'affection pour le lieu natal, et l'animal partage en quelque degré cet instinct avec l'homme; mais l'homme le pousse plus loin, et transforme en vertu ce qui n'était qu'un sentiment de convenance universelle : ainsi les lois physiques et morales de l'univers se tiennent par une chaîne admirable. Nous doutons qu'il soit possible d'avoir une seule vraie vertu, un seul véritable talent sans amour de la patrie.

Génie du Christianisme, Ire partie, livre V.

Mme DE STAEL

Née à Paris en 1766, morte en 1817, Mme de Staël (Anne-Louise-Germaine) était la fille de Necker, ministre de Louis XVI. Fidèle aux principes de la Révolution française,

---

1. Les ballades sont des pièces de vers coupées en stances égales et dont les sujets sont tirés souvent des traditions et des légendes nationales.

2. C'est-à-dire ces desseins sont suivis, liés les uns aux autres.

elle eut le rare courage de protester contre le despotisme de
l'empire. Elle fut persécutée et exilée par Napoléon Iᵉʳ. Ses
principaux ouvrages sont *Corinne*, *de l'Allemagne* et les *Considérations sur la Révolution française*.

L'occupation étrangère.

Après dix ans d'exil [1] j'abordai à Calais, et je comptais
sur un grand plaisir en revoyant ce beau pays de France,
que j'avais tant regretté : mes sensations furent tout
autres que celles que j'attendais. Les premiers hommes
que j'aperçus sur la rive portaient l'uniforme prussien ; ils
étaient les maîtres de la ville, ils en avaient acquis le droit
par la conquête : mais il me semblait assister à l'établissement du régime féodal, tel que les anciens historiens le
décrivent, lorsque les habitants du pays n'étaient là que
pour cultiver la terre dont les guerriers de la Germanie
doivent recueillir les fruits. O France ! ô France ! il fallait
un tyran étranger [2] pour vous réduire à cet état ; un souverain français, quel qu'il fût, vous aurait trop aimée pour
jamais vous y exposer.

Je continuai ma route, le cœur toujours souffrant par
la même pensée ; en approchant de Paris, les Allemands,
les Russes, les Cosaques [3], les Baskirs [4], s'offrirent à mes
yeux de toutes parts : ils étaient campés autour de l'é-
glise de Saint-Denis, où la cendre des rois de France repose [5]. La discipline commandée par les chefs de ces soldats empêchait qu'ils ne fissent aucun mal à personne,
aucun mal, excepté l'oppression de l'âme, qu'il était impossible de ne pas ressentir. Enfin, je rentrai dans cette
ville, où se sont passés les jours les plus heureux et les
plus brillants de ma vie, comme si j'eusse fait un rêve

---

1. Mᵐᵉ de Staël avait été forcée à
plusieurs reprises, sur l'ordre de Napoléon, qui ne lui pardonnait pas la
franchise de sa plume, de quitter la
France, de 1801 à 1814. Elle revint en
France en 1814, en même temps que
Louis XVIII, après l'invasion.

2. Napoléon, né en Corse, d'une
famille italienne.

3. Les cosaques étaient des colonies
militaires, établies sur le bord de la
mer d'Azof.

4. Peuplades russes, entre l'Oural
et le Volga.

5. L'église de Saint-Denis renferme
les tombeaux des anciens rois de
France.

pénible. Étais-je en Allemagne ou en Russie? Avait-on imité les rues et les places de la capitale de la France pour en retracer les souvenirs, alors qu'elle n'existait plus? Enfin, tout était trouble en moi. Voir Paris occupé par les étrangers, les Tuileries, le Louvre[1], gardés par des troupes venues des confins de l'Asie, à qui notre langue, notre histoire, nos grands hommes, tout était moins connu que le dernier khan de Tartarie[2]; c'était une douleur insupportable.

Considérations sur la Révolution française.

PAUL-LOUIS COURIER

Paul-Louis Courier, né à Paris en 1772, mort en 1825, se fit d'abord une réputation d'érudit par de remarquables travaux sur l'antiquité grecque. La Restauration venue, il en combattit les abus dans des pamphlets[3] célèbres, écrits d'un style châtié, délicat et mordant.

L'exercice au village.

Le peuple est sage. Nous travaillons trop pour avoir le temps de penser à mal; et s'il est vrai, ce mot ancien, que tout vice naît d'oisiveté, nous devons être exempts de vices, occupés comme nous le sommes six jours de la semaine sans relâche, et bonne part du septième, chose que blâment quelques-uns. Ils ont raison, et je voudrais que ce jour-là toute besogne cessât : il faudrait, dimanches et fêtes, par tous les villages, s'exercer au tir, au maniement des armes, penser aux puissances étrangères, qui pensent à nous tous les jours. Ainsi font les Suisses, nos voisins, et ainsi devrions-nous faire pour être gens à nous dé-

1. Anciennes résidences des rois. Aujourd'hui les Tuileries n'existent plus; elles ont été incendiées pendant les luttes civiles de 1871; le Louvre a été transformé en musée.

2. Khan est le nom de l'autorité souveraine en Tartarie. Signifie ici province. La Tartarie était un vaste empire oriental fondé par Gengis-Khan.

3. Pamphlet, écrit de peu de pages; se prend souvent en mauvaise part; signifie alors une œuvre médisante ou calomnieuse.

fendre, en cas de noise avec les forts. Car de se fier au ciel et à notre innocence, il vaut bien mieux apprendre la charge en douze temps, et savoir au besoin ajuster un Cosaque. Je l'ai dit et le redis : labourer, semer à temps, être aux champs dès le matin, ce n'est pas tout : il faut s'assurer la récolte. Aligne tes plans [1], mon ami, tu provigneras [2] l'an qui vient, et quelque jour, Dieu aidant, tu feras du bon vin. Mais qui le boira ? Rostopchin [3], si tu ne te tiens pas prêt à le lui disputer. Vous, messieurs, songez-y pendant qu'il en est temps : avisez entre vous s'il ne conviendrait pas, vu les circonstances présentes ou imminentes, de vaquer le saint jour du dimanche, sans préjudice de la messe, à des exercices qu'approuve le Dieu des armées, tels que le pas de charge et les feux de bataillons. Ainsi pourrions-nous employer, avec très grand profit pour l'État et pour nous, des moments perdus à la danse.

Pétition pour les villageois qu'on empêche de danser.

BÉRANGER

Pierre de Béranger, né à Paris en 1780, mort en 1857, a été le plus populaire des chansonniers français. Il a dû sa popularité moins encore à sa verve spirituelle et à sa gaieté gauloise, qu'à ses sentiments libéraux et patriotiques. Sous la restauration des Bourbons, il fit de la chanson une arme politique, au service de la bourgeoisie, tantôt célébrant les soldats glorieux de l'empire, tantôt raillant le trône et l'autel.

Les enfants de la France.

Reine du monde ! ô France ! ô ma patrie !
Soulève enfin ton front cicatrisé ;
Sans qu'à tes yeux leur gloire en soit flétrie,
De tes enfants l'étendard s'est brisé [4].

---

1. Plants de vigne.
2. Provigner, multiplier par rejetons.
3. Général russe.
4. Allusion aux défaites de 1815.

Quand la fortune outrageait leur vaillance,
Quand de tes mains tombait ton sceptre d'or,
   Tes ennemis disaient encor :
   Honneur aux enfants de la France !

De tes grandeurs tu sus te faire absoudre,
France, et ton nom triomphe des revers.
Tu peux tomber, mais c'est comme la foudre,
Qui se relève et gronde au haut des airs.
Le Rhin aux bords ravis à ta puissance
Porte à regret le tribut de ses eaux [1] ;
   Il crie au fond de ses roseaux :
   Honneur aux enfants de la France !

Pour effacer des coursiers du barbare
Les pas empreints dans tes champs profanés [2],
Jamais le ciel te fut-il moins avare ?
D'épis nombreux vois ces champs couronnés.
D'un vol fameux [3] prompts à venger l'offense,
Vois les beaux-arts consolant leurs autels,
   Y graver en traits immortels :
   Honneur aux enfants de la France !

Prête l'oreille aux accents de l'histoire :
Quel peuple ancien devant toi n'a tremblé ?
Quel nouveau peuple, envieux de ta gloire,
Ne fut cent fois de ta gloire accablé ?
En vain l'Anglais a mis dans ta balance
L'or que pour vaincre ont mendié les rois,
   Des siècles entends-tu la voix ?
   Honneur aux enfants de la France !

Dieu, qui punit le tyran et l'esclave,
Veut te voir libre, et libre pour toujours.
Que tes plaisirs ne soient plus une entrave :
La liberté doit sourire aux amours.

1. Le Rhin enlevé à la France par les traités de 1815.
2. Allusion à l'invasion.
3. La spoliation du Musée par les Anglais.

Prends son flambeau, laisse dormir sa lance[1] ;
Instruis le monde, et cent peuples divers
   Chanteront en brisant leurs fers :
   Honneur aux enfants de la France !

Relève-toi, France, reine du monde !
Tu vas cueillir tes lauriers les plus beaux.
Oui, d'âge en âge une palme féconde
Doit de tes fils protéger les tombeaux.
Que près du mien, telle est mon espérance,
Pour la patrie admirant mon amour,
   Le voyageur répète un jour :
   Honneur aux enfants de la France !

LAMENNAIS

Hugues-Félicité-Robert de Lamennais, né à Saint-Malo, en 1782, mort en 1854, est un des penseurs et des écrivains les plus étranges du dix-neuvième siècle. Entré dans les ordres à l'âge de 35 ans, après avoir longuement éprouvé sa vocation, il se donna d'abord pour tâche de démontrer l'autorité absolue du pape en matière de foi, devançant ainsi et préparant le dogme de l'infaillibilité pontificale. Suspect au clergé de France, bientôt censuré par l'autorité ecclésiastique, il chercha un appui dans la démocratie, et combattit, en son nom, l'état de choses établi, avec une sombre et fougueuse âpreté. — Ses principaux ouvrages sont l'*Essai sur l'indifférence en matière de religion*, les *Paroles d'un croyant*, le *Livre du peuple* et l'*Esquisse d'une philosophie*. Son style est large, énergique, pittoresque, parfois emphatique ; il revêt volontiers les formes bibliques.

La justice et la charité.

Nulle société possible sans le devoir, car sans lui, nul lien entre les hommes. Il comprend la justice et la charité.

---

1. On a représenté la liberté un flambeau dans une main, une lance dans l'autre.

Ne pas faire à autrui ce que nous ne voudrions pas qu'autrui nous fît, voilà la justice.

Faire pour autrui, en toute rencontre, ce que nous voudrions qu'il fît pour nous, voilà la charité.

Un homme vivait de son labeur, lui, sa femme et ses petits enfants ; et comme il avait une bonne santé, des bras robustes, et qu'il trouvait aisément à s'employer, il pouvait sans trop de peine pourvoir à sa subsistance et à celle des siens.

Mais il arriva qu'une grande gêne étant arrivée dans le pays, le travail y fut moins demandé, parce qu'il n'offrait plus de bénéfices à ceux qui le payaient, et en même temps le prix des choses nécessaires à la vie augmenta.

L'homme de labeur et sa famille commencèrent donc à souffrir beaucoup. Après avoir bientôt épuisé ses modiques épargnes, il lui fallut vendre pièce à pièce ses meubles d'abord, puis quelques-uns même de ses vêtements ; et, quand il se fut ainsi dépouillé, il demeura privé de toutes ressources, face à face avec la faim. Et la faim n'était pas entrée seule en son logis : la maladie y était aussi entrée avec elle.

Or, cet homme avait deux voisins, l'un plus riche, l'autre moins.

Il s'en alla trouver le premier, et lui dit : « Nous manquons de tout, moi, ma femme et mes enfants : ayez pitié de nous. »

Le riche lui répondit : « Que puis-je à cela ? Quand vous avez travaillé pour moi, vous ai-je retenu votre salaire, ou en ai-je différé le payement ? Jamais je ne fis aucun tort ni à vous ni à aucun autre : mes mains sont pures de toute iniquité. Votre misère m'afflige, mais chacun doit songer à soi dans ces mauvais temps : qui sait combien ils dureront ? »

Le pauvre père se tut, et le cœur plein d'angoisse, il s'en retournait lentement chez lui, lorsqu'il rencontra l'autre voisin moins riche.

Celui-ci, le voyant pensif et triste, lui dit : « Qu'avez-vous? il y a des soucis sur votre front et des larmes dans vos yeux. »

Et le père, d'une voix altérée, lui exposa son infortune.

Quand il eut achevé : « Pourquoi, lui dit l'autre, vous désoler de la sorte? Ne sommes-nous pas frères? et comment pourrais-je délaisser mon frère en sa détresse? Venez, et nous partagerons ce que je tiens de la bonté de Dieu. »

La famille qui souffrait fut ainsi soulagée, jusqu'à ce qu'elle pût elle-même pourvoir à ses besoins.

Plusieurs années se passèrent, après lesquelles les deux riches comparurent devant le Juge souverain des actions humaines.

Et le juge dit au premier : « Mon œil t'a suivi sur la terre : tu t'es abstenu de nuire à autrui, de violer son droit; tu as accompli rigoureusement la loi stricte de justice; mais, en l'accomplissant, tu n'as vécu que pour toi : ton âme sèche et dure n'a pas compris la loi d'amour. Et maintenant, dans ce monde nouveau où tu entres pauvre et nu, il te sera fait comme tu as fait aux autres. Tu as réservé pour toi seul les biens qui t'avaient été départis; tu n'en as rien donné à tes frères : il ne te sera rien donné non plus. Tu n'as songé qu'à toi, tu n'as aimé que toi : va, et vis de toi-même. »

Et se tournant vers le second, le juge lui dit : « Parce que tu n'as point été seulement juste, et que la charité pénétra ton cœur, parce que ta main s'ouvrit pour répandre sur tes frères moins heureux les biens dont tu étais dépositaire, et qu'elle essuya les larmes de ceux qui pleuraient, de plus grands biens te seront donnés. Va, et reçois la récompense de celui qui a pleinement accompli le devoir, la loi de justice et la loi d'amour. »

Le Livre du peuple.

CASIMIR DELAVIGNE

Casimir Delavigne naquit au Havre en 1794. Les *Messéniennes*, publiées en 1818, lui valurent un succès de popularité, par les sentiments libéraux et patriotiques qu'elles exprimaient. Il composa ensuite, jusqu'à sa mort (1843), diverses pièces de théâtre, entre autres les *Vêpres siciliennes*, le *Paria*, l'*École des vieillards*, *Louis XI*, les *Enfants d'Édouard*, *Don Juan d'Autriche*. Casimir Delavigne est plutôt un versificateur qu'un poète. Ses drames valent plus par l'habileté de composition que par l'invention et l'émotion dramatique.

Le remords.

LA CONFESSION DE LOUIS XI [1].

FRANÇOIS DE PAULE [2].

Pécheur qui m'appelez à ce saint ministère,
Parlez donc.

LOUIS, *après avoir dit mentalement son Confiteor.*
Je ne puis et je n'ose me taire.

FRANÇOIS DE PAULE.

Qu'avez-vous fait ?

LOUIS.
L'effroi qu'il conçut du dauphin
Fit mourir le feu roi [3] de langueur et de faim.

FRANÇOIS DE PAULE.

Un fils a de son père abrégé la vieillesse !

LOUIS.

Le dauphin... c'était moi.

FRANÇOIS DE PAULE.
Vous !

---

1. Louis XI, roi de France (1423-1483).

2. Fondateur de l'ordre des Minimes, né en Calabre en 1416. Il vint en France appelé par Louis XI malade, qui attendait de lui sa guérison.

3. Dauphin, nom que portait l'héritier présomptif de la couronne de France. Le dauphin dont il s'agit ici est Louis XI, lui-même ; le feu roi, c'est Charles VII, père de Louis XI. La légende, sinon l'histoire, rapporte que Charles, craignant d'être empoisonné par son fils, hâta sa propre mort, en refusant de prendre de la nourriture.

LOUIS.

        Mais tant de faiblesse
Perdait tout, livrait tout aux mains d'un favori :
La France périssait si le roi n'eût péri.
Les intérêts d'État sont des raisons si hautes !...

FRANÇOIS DE PAULE.

Confessez, mauvais fils, n'excusez pas vos fautes !

LOUIS.

J'avais un frère.

FRANÇOIS DE PAULE.

    Eh bien ?

LOUIS.

      Qui fut... empoisonné.

FRANÇOIS DE PAULE.

Le fut-il par votre ordre ?

LOUIS.

     Ils l'ont tous soupçonné.

FRANÇOIS DE PAULE.

Dieu !

LOUIS.

   Si ceux qui l'ont dit tombaient en ma puissance !...

FRANÇOIS DE PAULE.

Est-ce vrai ?

LOUIS.

    Du cercueil son spectre qui s'élance
Peut seul m'en accuser avec impunité.

FRANÇOIS DE PAULE.

C'est donc vrai ?

LOUIS.

    Mais le traître, il l'avait mérité[1].

FRANÇOIS DE PAULE, *se levant.*

Et contre ses remords ton cœur cherche un refuge !
Tremble ! j'étais ton frère et je deviens ton juge.
Écrasé sous ta faute au pied du tribunal,
Baisse donc maintenant, courbe ton front royal.

---

1. Le frère de Louis XI était entré dans la ligue formée contre lui par plusieurs seigneurs de France.

Rentre dans le néant, majesté périssable !
Je ne vois plus le roi, j'écoute le coupable.
Fratricide, à genoux !

LOUIS, tombant à genoux.

Je frémis !

FRANÇOIS DE PAULE.

Repens-toi.

LOUIS, se traînant jusqu'à lui et s'attachant à ses habits.
C'est ma faute, ma faute, ayez pitié de moi !
En frappant ma poitrine à genoux je déplore,
Sans y chercher d'excuse, un autre crime encore.

FRANÇOIS DE PAULE, qui retombe assis.

Ce n'est pas tout ?

LOUIS.

Nemours [1]... il avait conspiré :

Mais sa mort... son forfait du moins est avéré.
Mais sous son échafaud ses enfants dont les larmes...
Trois fois contre son maître, il avait pris les armes.
Sa vie, en s'échappant, a rejailli sur eux [2].

(En se relevant.)

C'était juste.

FRANÇOIS DE PAULE, le rejetant à genoux.

Ah ! cruel !

LOUIS.

Juste, mais rigoureux :

J'en conviens : j'ai puni... non, j'ai commis des crimes.
Dans l'air le nœud fatal [3] étouffa mes victimes ;
L'acier les déchira dans un puits meurtrier ;
L'onde fut mon bourreau, la terre mon geôlier :
Des captifs que ces tours couvrent de leurs murailles
Gémissent oubliés au fond de ses entrailles.

FRANÇOIS DE PAULE.

Ah ! puisqu'il est des maux que tu peux réparer,
Viens !

1. Jacques d'Armagnac, duc de Nemours, après avoir été un des favoris de Louis XI, entra dans la ligue du bien public, formée contre le roi. Louis XI l'en punit en le faisant em- prisonner dans une cage de fer, puis décapiter.

2. Les fils de Nemours furent contraints d'assister à son supplice.

3. La corde qui étrangle.

LOUIS, *debout.*

Où donc?

FRANÇOIS DE PAULE.

Ces captifs, allons les délivrer.

LOUIS.

L'intérêt le défend.

FRANÇOIS DE PAULE, *aux pieds du roi.*

La charité l'ordonne.

Viens, viens sauver ton âme.

LOUIS.

En risquant ma couronne!

Roi, je ne le peux pas.

FRANÇOIS DE PAULE.

Mais tu le dois, chrétien.

LOUIS.

Je me suis repenti, c'est assez.

FRANÇOIS DE PAULE, *se relevant.*

Ce n'est rien.

LOUIS.

N'ai-je pas de mes torts fait un aveu sincère?

FRANÇOIS DE PAULE.

Ils ne s'effacent pas, tant qu'on y persévère.

LOUIS.

L'Église a des pardons qu'un roi peut acheter.

FRANÇOIS DE PAULE.

Dieu ne vend pas les siens : il faut les mériter.

LOUIS, *avec désespoir.*

Ils me sont dévolus, et par droit de misère !
Ah ! si dans mes tourments, vous descendiez, mon père,
Je vous arracherais des larmes de pitié !
Les angoisses du corps n'en sont qu'une moitié,
Poignante, intolérable, et la moindre peut-être.
Je ne me plais qu'aux lieux où je ne puis pas être.
En vain je sors de moi : fils rebelle jadis,
Je me vois dans mon père et me crains dans mon fils.
Je n'ai pas un ami : je hais ou je méprise;
L'effroi me tord le cœur sans jamais lâcher prise.
Il n'est point de retraite où j'échappe aux remords;

Je veux fuir les vivants, je suis avec les morts.
Ce sont des jours affreux ; j'ai des nuits plus terribles !
L'ombre pour m'abuser prend des formes visibles ;
Le silence me parle, et mon Sauveur me dit,
Quand je viens le prier : Que me veux-tu, maudit ?
Un démon, si je dors, s'assied sur ma poitrine.
Je l'écarte ; un fer nu s'y plonge et m'assassine.
Je me lève éperdu ; des flots de sang humain
Viennent battre ma couche ; elle y nage, et ma main
Que penche sur leur gouffre une main qui la glace
Sent des lambeaux hideux monter à leur surface...

FRANÇOIS DE PAULE.

Malheureux ! que dis-tu ?

Louis XI, acte IV.

AUGUSTIN THIERRY

Augustin Thierry, né à Blois en 1795, mort en 1856, a été le créateur d'une école historique qui s'attache à faire revivre avec exactitude les faits passés, et à les peindre avec des couleurs fidèles. Cette méthode le conduisit à refaire l'histoire des origines de la nation française, défigurée par les historiens antérieurs. Ses principaux ouvrages sont : les *Lettres sur l'histoire de France*, l'*Histoire de la formation et des progrès du Tiers-État* et l'*Histoire de la conquête d'Angleterre par les Normands*.

L'histoire de la patrie.

Le travail de ce monde s'accomplit lentement ; et chaque génération qui passe ne fait guère que laisser une pierre pour la construction de l'édifice que rêvent les esprits ardents. Cette conviction, plutôt grave que triste, n'affaiblit point pour les individus le devoir de marcher droit à travers les séductions de l'intérêt et de la vanité, ni pour les peuples celui de maintenir leur dignité nationale ; car s'il n'y a que du malheur à être opprimé par la force, il y a de la honte à se montrer servile.

Je ne sais si je me trompe, mais je crois que notre patriotisme gagnerait beaucoup en pureté et en fermeté, si la connaissance de l'histoire et surtout de l'histoire de France se répandait plus généralement chez nous, et devenait en quelque sorte populaire. En promenant nos regards sur cette longue carrière ouverte depuis tant de siècles, où nous suivons nos pères, où nous précédons nos enfants, nous nous détacherions des querelles du moment, des regrets d'ambition ou de parti, des petites craintes et des petites espérances. Nous aurions plus de sécurité, plus de confiance dans l'avenir, si nous savions tous que, dans les temps les plus difficiles, jamais la justice, la liberté même, n'ont manqué de défenseurs dans ce pays. L'esprit d'indépendance est empreint dans notre histoire aussi fortement que dans celle d'aucun autre peuple ancien ou moderne. Nos aïeux l'ont comprise, ils l'ont voulue, non moins fermement que nous; et, s'ils ne nous l'ont point léguée pleine et entière, ce fut la faute des choses humaines et non la leur, car ils ont surmonté plus d'obstacles que nous n'en rencontrerons jamais.

Lettres sur l'Histoire de France, lettre 1re.

GUIZOT

François Guizot, historien français, né à Nîmes en 1787, mort en 1875. Dans ses ouvrages, essais sur l'*Histoire de la civilisation en Europe* et sur l'*Histoire de la civilisation en France*, *Histoire de la révolution d'Angleterre*, Guizot s'attache moins à décrire les faits qu'à en rechercher les causes et les conséquences, en un mot, à en faire la philosophie. Il se propose moins de peindre les événements que de les expliquer; aussi ses œuvres ont-elles moins de vie que celles d'Augustin Thierry. — Guizot a été mêlé à la politique de son temps; ministre de Louis-Philippe, il a laissé des *Mémoires* sur les événements contemporains.

Rôle de la France dans la civilisation.

Il ne faut flatter personne, pas même son pays ; cependant je crois qu'on peut dire sans flatterie que la France a été le centre, le foyer de la civilisation de l'Europe. Il serait excessif de prétendre qu'elle ait marché toujours, dans toutes les directions, à la tête des nations. Elle a été devancée, à diverses époques, dans les arts, par l'Italie[1] ; sous le point de vue des institutions politiques, par l'Angleterre. Peut-être, sous d'autres points de vue, à certains moments, trouverait-on d'autres pays de l'Europe qui lui ont été supérieurs ; mais il est impossible de méconnaître que, toutes les fois que la France s'est vue devancée dans la carrière de la civilisation, elle a repris une nouvelle vigueur, s'est élancée et s'est retrouvée bientôt au niveau où en avant de tous. Non seulement il lui est arrivé ainsi ; mais les idées, les institutions civilisantes, si je puis ainsi parler, qui ont pris naissance dans d'autres territoires, quand elles ont voulu se transplanter, devenir fécondes et générales, agir au profit commun de la civilisation européenne, on les a vues, en quelque sorte, obligées de subir en France une nouvelle préparation ; et c'est de la France, comme d'une seconde patrie, plus féconde, plus riche, qu'elles se sont élancées à la conquête de l'Europe. Il n'est presque aucune grande idée, aucun grand principe de civilisation qui, pour se répandre partout, n'ait passé d'abord par la France.

C'est qu'il y a dans le génie français quelque chose de sociable, de sympathique, quelque chose qui se répand avec plus de facilité et d'énergie que dans le génie de tout autre peuple : soit notre langue, soit le tour particulier de notre esprit, de nos mœurs ; nos idées sont plus populaires, se présentent plus clairement aux masses, y pénètrent plus facilement ; en un mot, la clarté, la sociabilité, la sympathie sont le caractère particulier de la France,

1. A l'époque de la Renaissance.

de sa civilisation, et ces qualités la rendaient éminemment propre à marcher à la tête de la civilisation européenne.

Histoire de la civilisation.

VICTOR COUSIN

Victor Cousin, né à Paris en 1792, mort en 1867, fut sans contredit le plus éloquent des professeurs de philosophie. Sous la Restauration, il partagea avec Villemain et Guizot l'honneur d'attirer à la Faculté des lettres, où il enseignait, une foule enthousiaste, avide d'idées généreuses et libérales. Pendant de longues années, V. Cousin a exercé sur la philosophie universitaire une véritable magistrature. Sous le second empire, il délaissa la philosophie pour des études littéraires et historiques. A cette seconde période de sa vie se rapportent ses ouvrages les plus durables, la *Société française au dix-septième siècle*, la *Jeunesse de Mazarin*. Ses principaux ouvrages philosophiques sont ses cours de l'*Histoire de la philosophie* ; *Du vrai, du beau, du bien* ; *Justice et charité*.

Du droit de propriété.

La propriété est sacrée, parce qu'elle représente le droit de la personne elle-même. Notre première propriété, c'est nous-même.

L'acte primitif de propriété consiste dans l'imposition libre de la personne humaine sur toutes choses ; c'est par là que je les fais miennes : dès lors, assimilées à moi-même, marquées du sceau de ma personne et de mon droit, elles cessent d'être de simples choses à l'égard des autres, et par conséquent elles ne tombent plus sous leur occupation et sous leur appropriation[1]. Ma propriété participe de ma personne ; elle a des droits par moi, si je puis m'exprimer ainsi, ou pour mieux dire mes droits me

---

1. C'est-à-dire, ils n'ont plus le droit de les occuper et de se les approprier.

suivent en elle, et ce sont ces droits qui sont dignes de respect....

Le travail et la production ne constituent pas, mais confirment et développent le droit de propriété. L'occupation précède le travail, mais elle se réalise par le travail. Tant que l'occupation est toute seule, elle a quelque chose d'abstrait en quelque manière, d'indéterminé aux yeux des autres[1], et le droit qu'elle fonde est obscur; mais quand le travail s'ajoute à l'occupation, elle la déclare, la détermine, et lui donne une autorité visible et certaine. Par le travail, en effet, au lieu de mettre simplement la main sur une chose qui n'appartient encore à personne, nous y imprimons notre caractère, nous nous l'incorporons, nous l'unissons à notre personne. C'est là ce qui rend respectable et sacrée aux yeux de tous la propriété sur laquelle a passé le travail libre et intelligent de l'homme. Usurper la propriété qu'il possède en qualité de premier occupant est une action injuste; mais arracher à un travailleur la terre qu'il a arrosée de ses sueurs, est aux yeux de tous un crime manifeste.

Justice et Charité.

VILLEMAIN

Abel-François Villemain, né à Paris en 1791, mort en 1870, se rendit célèbre sous la Restauration par les éloquentes leçons de littérature qu'il professa à la Faculté des lettres de Paris, à l'époque où Guizot et Cousin y enseignaient, avec un égal éclat, l'histoire et la philosophie. Il a laissé d'importants ouvrages de critique littéraire, entre autres le *Cours de littérature française,* des *Éloges,* une *Histoire de Cromwell* et un *Essai sur le génie de Pindare.*

---

[1] Il ne suffit pas, par exemple, d'occuper un terrain qui n'était à personne, pour en devenir propriétaire; il faut encore y mettre quelque chose de soi-même par le travail.

La grandeur d'âme dans la disgrâce.

LE CHANCELIER DE L'HÔPITAL [1].

La reine [2], quelques jours après, lui fit redemander les sceaux du royaume [3], qui furent donnés à Morvillers son ami, et trop homme de bien pour avoir souhaité d'être son successeur.

Ainsi, après avoir été retenu pendant huit ans dans la première dignité du royaume [4], au milieu de ces temps de corruption et d'injustice, le chancelier retrouvait cette vie paisible, et ces champs qu'il aimait. Il avait près de lui sa fille entourée de jeunes enfants; il conservait quelques vertueux amis que lui avait donnés le goût des lettres et non le pouvoir, et qui, comme lui, nourrissaient leur âme des grands sentiments de l'antiquité.

Dans cet exil, l'Hôpital se livrait avec plus d'ardeur à l'amour des lettres. Aux yeux de notre siècle, il y a quelque chose d'étrange dans ces loisirs d'un ministre occupé à composer des vers latins: c'est un passe-temps du seizième siècle, que notre raison dédaigneuse ou frivole estimera bien peu. Cependant ces vers expriment des pensées si nobles, qu'on ne peut les lire sans attendrissement; c'est un caractère, c'est une âme antique qui s'exprime dans l'ancienne langue des Romains.

Après avoir rappelé ses combats, sa disgrâce, le bonheur de sa vertueuse solitude, l'Hôpital, comme s'il eût craint que son exemple ne décourageât du service public, s'écrie éloquemment : « Avez-vous un génie vaste et propre aux » grandes choses, la vie privée ne suffit-elle pas à votre » âme, jeune ou dans l'âge viril, prenez part aux affaires » publiques ; c'est la vocation de la nature. Après Dieu,

---

1. Michel de l'Hôpital, célèbre magistrat du seizième siècle, qui, dans cette époque de guerres civiles et de guerres de religion, s'illustra par sa tolérance et ses vertus, non moins que par ses talents.

2. Catherine de Médicis.

3. Le chancelier de France était détenteur des sceaux dont étaient scellés les actes de l'autorité royale.

4. Avant la révolution le chancelier était le premier magistrat de France.

» c'est à la patrie que nous devons le premier hommage
» de notre pieux dévouement. Quand vous vous serez
» offert à elle, persévérez, souffrez à son service jusqu'au
» dernier terme de la vie, jusqu'aux portes du tombeau,
» tant qu'elle le voudra. Si, ennuyée de vous, elle appelle
» d'autres favoris, allez en paix, retournez à vos enfants
» et à votre femme, avec une réputation inviolable, un
» nom sans tache, comblé d'honneur, et, ce qui vaut
» mieux, soutenu par la conscience d'une honorable vie.
» Il est beau de vivre en repos dans sa maison, après avoir
» bien servi les intérêts publics ; il est beau de voir un
» vieillard, autrefois chargé de grands emplois, conduisant
» désormais des travaux champêtres, tantôt disposant
» avec art les arbres de son verger, tantôt lisant, ou écri-
» vant des choses que lira la postérité. Mais le bien le
» plus désirable à nos derniers moments, c'est, après
» avoir parcouru la carrière de la vie, de quitter son
» corps, d'exhaler son âme au milieu des embrassements
» de son épouse et de ses enfants, et d'être enseveli dans
» la tombe de ses pères. »

Mélanges historiques et littéraires.

JOUFFROY

Théodore Jouffroy, né au hameau des Pontets (Doubs) en 1796, mort en 1842, a été un des philosophes français les plus pénétrants du dix-neuvième siècle. Il s'est attaché surtout à décrire les phénomènes de l'âme et à les distinguer des phénomènes du corps.

Il a écrit des ouvrages et des fragments d'une haute portée morale, le *Cours de droit naturel* et les *Mélanges philosophiques*.

Le devoir et le bonheur.

Vous allez entrer dans le monde : des mille routes qu'il ouvre à l'activité humaine, chacun de vous en prendra une. La carrière des uns sera brillante, celle des autres obscure et cachée : la condition et la fortune de vos parents en décideront en grande partie. Que ceux qui auront la plus modeste part n'en murmurent point. D'un côté, la Providence est juste, et ce qui ne dépend point de nous ne saurait être un véritable bien ; de l'autre, la patrie vit du concours et du travail de tous ses enfants, et dans le mécanisme de la société il n'y a point de ressort inutile. Entre le ministre qui gouverne l'État et l'artisan qui contribue à sa prospérité par le travail de ses mains, il n'y a qu'une différence, c'est que la fonction de l'un est plus importante que celle de l'autre, mais, à les bien remplir, le mérite moral est le même. Que chacun de vous, jeunes élèves, se contente donc de la part qui lui sera échue. Quelle que soit sa carrière, elle lui donnera une mission, des devoirs, une certaine somme de bien à produire. Ce sera là sa tâche ; qu'il la remplisse avec courage et énergie, honnêtement et fidèlement, et il aura fait dans sa position tout ce qu'il est donné à l'homme de faire. Qu'il la remplisse aussi sans envie contre ses émules [1]. Vous ne serez pas seuls dans votre chemin ; vous y marcherez avec d'autres appelés par la Providence à poursuivre le même but. Dans ce concours de la vie, ils pourront vous surpasser par le talent, ou devoir à la fortune un succès qui vous échappera. Ne leur en veuillez pas, et, si vous avez fait de votre mieux, ne vous en veuillez pas à vous-mêmes. Le succès n'est pas ce qui importe ; ce qui importe, c'est l'effort ; car c'est là ce qui dépend de l'homme, ce qui l'élève, ce qui le rend content de lui-même. L'accomplissement du devoir, voilà, jeunes élèves, et le véritable but de la vie et le véritable bien. Vous le reconnaissez à ce signe qu'il dépend uniquement de votre volonté de l'atteindre, et à cet autre qu'il est également à la portée de tous, du pauvre comme du riche, de l'ignorant comme du savant, du pâtre comme du roi, et qu'il permet à Dieu de nous jeter tous, tant que nous sommes, dans la même balance, et de nous peser avec les mêmes poids. C'est à

____

1. Émule, celui qui rivalise avec un autre dans les choses louables.

sa suite que se produit dans l'âme le seul vrai bonheur de ce monde, et le seul aussi qui soit également accessible à tous et proportionné pour chacun à son mérite, le contentement de soi-même. Ainsi, tout est juste, tout est conséquent, tout est bien ordonné dans la vie, quand on la comprend comme Dieu l'a faite, quand on la restitue à sa vraie destination.

Abordez la vie avec cette conviction, jeunes élèves, et vous n'y trouverez point de mécompte. Dans quelque condition que le hasard vous y place, vous vous y sentirez toujours dans l'ordre, associés aux desseins de la Providence, y concourant librement par votre volonté, utiles à votre patrie autant qu'il vous a été donné de l'être, maîtres de vous-mêmes et de votre destinée, maîtres de votre bonheur, qui ne dépendra que de vous, et sur lequel ni la fortune, ni les hommes ne pourront rien. Renversez cet ordre, abandonnez-vous aux ambitions de votre nature, et vous marcherez de déceptions en déceptions, et vous vous ferez une vie malheureuse pour vous, inutile aux autres. Qu'importe aux autres et à nous, quand nous quittons ce monde, les plaisirs et les peines que nous y avons éprouvés ? Tout cela n'existe qu'au moment où il est senti ; la trace du vent dans les feuilles n'est pas plus fugitive. Nous n'emportons de cette vie que la perfection que nous avons donnée à notre âme ; nous n'y laissons que le bien que nous avons fait.

*Discours prononcé à la distribution des prix aux élèves
du lycée Charlemagne.*

THIERS

Adolphe Thiers, né à Marseille en 1797, a écrit une *Histoire de la Révolution française* et une *Histoire du consulat et de l'empire.* Thiers est l'historien politique pratique par excellence ; rien n'échappe aux clartés de sa vive intelligence : lois, finances, art militaire, commerce, il élucide tout. Sa

facilité à tout comprendre est si grande qu'il oublie un peu
de juger les événements et les hommes.

Thiers a été activement mêlé à la politique de son temps.
Après avoir été l'un des principaux auteurs de la révolution de
1830, il fut ministre du roi Louis-Philippe. Après la chute
de l'empire en 1870 et l'invasion de la France par les Allemands, il comprit que la république était le gouvernement
qui nous divisait le moins ; il s'appliqua à établir cette
forme de gouvernement sur les ruines des anciens partis. Il
fut élu président de la République française en 1871. Il est
mort en 1876. — Comme orateur politique, Thiers a dé-
ployé les mêmes qualités de lucidité, d'abondance et de vivacité que dans ses écrits.

Nécessité de l'éducation militaire.

Quand on s'imagine qu'il suffit d'apprendre à un homme
à manier son fusil, qu'il suffit qu'il soit brave pour que ce
soit un soldat, j'en appelle à tous les militaires, et je leur demande si de pareilles idées sont vraies. Il y a quelque chose
qu'on ne donne pas en six mois, et c'est là ce qui fait les
armées et les grandes nations ; c'est l'esprit militaire, qui
est tout autre chose que l'instruction et la bravoure. L'esprit militaire, si je pouvais le définir, ce n'est pas le courage, ce n'est pas l'instruction, c'est la vertu guerrière,
c'est le caractère, c'est la tenue, la suite, la solidité.
Vous pouvez avoir une troupe jeune et brave ; savez-vous
ce qu'elle fait, cette troupe ? Tous les militaires vous le
diront : elle raisonne, elle juge ses généraux, et, ce qui est
pis, elle les juge tout haut ! Quand elle est bien disposée,
elle fournit un service excellent ; quand elle est mal disposée, il ne faut rien lui demander. Quand elle souffre,
quand elle n'a pas mangé, quand elle est fatiguée, on en
obtient peu de chose.

Voilà une troupe jeune et brave. Mais, à côté, voyez une
troupe bien disciplinée, bien solide : elle juge quelquefois
son général, mais pas tout haut ; elle est parfaitement
soumise ; qu'elle soit bien ou mal disposée, elle marche
également à l'ennemi ; elle ne marche peut-être pas

aussi vite que la troupe jeune et téméraire, mais elle ne recule jamais. Qu'elle ait souffert, qu'elle n'ait pas mangé, que le temps soit beau, qu'il soit mauvais, elle est toujours la même : voilà la véritable armée, résultat du véritable esprit militaire.

Eh bien, l'esprit militaire, qui fait la qualité essentielle du soldat, ce n'est qu'avec le temps qu'on l'acquiert. Les soldats de six mois n'ont jamais cet esprit. C'est le temps seul qui le donne...

Napoléon, pressé d'envahir l'Espagne, ayant laissé la Grande Armée entre la Vistule et le Rhin, prit dans les dépôts de Mayence et de Strasbourg des soldats qui avaient huit ou dix mois de service, qui étaient dans des cadres assez bons, non pas dans les meilleurs, et les envoya au delà des Pyrénées.

L'Espagne fut surprise de voir ces enfants, qui manœuvraient à peine, qui n'avaient point encore cette assurance, cette instruction militaire que le temps seul donne aux armées, et qu'on lui envoyait pour la soumettre. Il en naquit sur-le-champ le désir de l'insurrection. L'Espagne, encouragée au soulèvement, se souleva, et quand on fut à Baylen [1], savez-vous ce que firent nos soldats? Ils se conduisirent comme des héros ; le général aussi se conduisit comme un vaillant homme : il fut blessé, et, à la fin du jour, il arriva à cette armée ce qui n'arrivait pas à nos grandes armées d'Égypte et d'Italie [2] ; à la fin du jour, nos jeunes conscrits étaient abattus par la fatigue et par la chaleur ; ils n'avaient jamais supporté ces terribles épreuves ; ils n'avaient jamais traversé ces alternatives de hasards heureux ou malheureux qu'on appelle la *guerre* ; ils étaient profondément abattus, et ce fut en vain que le général, qui savait qu'un corps d'armée arrivait à son secours, les exhorta à reprendre les armes ; il ne put jamais se faire écouter. Cependant ces enfants s'étaient conduits comme des soldats héroïques.

---

1. Ville espagnole, où le général Dupont capitula en 1808.

2. Les armées qui firent avec Bonaparte les campagnes d'Égypte et d'Italie.

Voilà ce que sont des troupes jeunes, qui n'ont pas cette solidité que je demande à la France de donner à ses armées. L'héroïsme ne manque pas à nos soldats ; mais ils ont besoin de ce dernier degré de perfection, qui ne leur manque jamais avec l'éducation.

Notre soldat est le premier soldat du monde, quant à la vivacité, à la spontanéité, à l'aptitude militaire ; mais il faut qu'il y joigne toutes les qualités que l'éducation donne, que l'éducation seule peut donner, et les lui refuser, c'est ne vouloir que la moitié de la grandeur nationale, c'est ne vouloir que la grandeur de l'offensive, et non la grandeur de la défensive, qui résiste et qui seule surmonte la mauvaise fortune.			*Discours parlementaires.*

MIGNET

Mignet historien français, né en 1796, a écrit entre autres ouvrages, une *Histoire de la Révolution française*, et un grand nombre de notices et de portraits historiques.

L'exemple d'un grand homme.

FRANKLIN[1].

Peu de carrières ont été aussi pleinement, aussi vertueusement, aussi glorieusement remplies que celle de ce fils d'un teinturier de Boston, qui commença par couler du suif dans des moules de chandelles, se fit ensuite imprimeur, rédigea les premiers journaux américains, fonda les premières manufactures de papier dans ces colonies, dont il accrut la civilisation matérielle et les lumières ; découvrit l'identité du fluide électrique et de la foudre ; devint membre de l'Académie des sciences de Paris et de presque tous les corps savants de l'Europe ; fut auprès de

1. Benjamin Franklin, industriel, savant et homme politique américain, né à Boston en 1706, mort en 1790.

la métropole le courageux agent des colonies soumises ; auprès de la France et de l'Espagne le négociateur heureux des colonies insurgées, et se plaça à côté de George Washington comme fondateur de leur indépendance ; enfin, après avoir fait le bien pendant quatre-vingt-quatre ans, mourut environné des respects des deux mondes comme un sage qui avait étendu la connaissance des lois de l'univers, comme un grand homme qui avait contribué à l'affranchissement et à la prospérité de sa patrie, et mérita non seulement que l'Amérique tout entière portât son deuil, mais que l'Assemblée constituante de France s'y associât par un décret public.

Sans doute il ne sera pas facile à ceux qui connaîtront le mieux Franklin de l'égaler. Le génie ne s'imite pas, il faut avoir reçu de la nature les plus beaux dons de l'esprit et les plus fortes qualités du caractère pour diriger ses semblables, et influer aussi considérablement sur les destinées de son pays. Mais si Franklin a été un homme de génie, il a été aussi un homme de bons sens ; s'il a été un homme vertueux, il a été aussi un homme honnête ; s'il a été un homme d'État glorieux, il a été aussi un citoyen dévoué. C'est par ce côté du bon sens, de l'honnêteté, du dévouement, qu'il peut apprendre à tous ceux qui liront sa vie à se servir de l'intelligence que Dieu leur a donnée, pour éviter les égarements des fausses idées ; des bons sentiments que Dieu a déposés dans leur âme, pour combattre les passions et les vices qui rendent malheureux et pauvre. Les bienfaits du travail, les heureux fruits de l'économie, la salutaire habitude d'une réflexion sage qui précède et dirige toujours la conduite, le désir louable de faire du bien aux hommes, et par là de se préparer la plus douce des satisfactions et la plus utile des récompenses, le contentement de soi et la bonne opinion des autres ; voilà ce que chacun peut puiser dans cette lecture.

Vie de Franklin.

MICHELET

Jules Michelet, né à Paris, en 1798, mort en 1874, fut professeur d'histoire au collège Rollin, à l'École normale, à la Faculté des lettres de Paris et au Collège de France. Il a écrit une *Histoire romaine*, une *Histoire de France*, une *Histoire de la Révolution française*, et divers ouvrages tels que

Michelet.

l'*Oiseau*, l'*Insecte*, la *Mer*, la *Femme*, etc. Écrivain brillant, mais inégal, Michelet a surtout le don de faire revivre les temps dont il parle. Dévoué jusqu'à l'enthousiasme aux principes de la Révolution française, il a été toute sa vie un défenseur ardent des idées libérales et démocratiques.

Strasbourg.

Je revenais souvent revoir les villes du Rhin, surtout ces belles villes libres [1], justement nommées ainsi, et si

1. Villes de l'empire d'Allemagne, qui se gouvernaient elles-mêmes; les principales étaient Francfort-sur-le-Mein, Hambourg, Brême et Lubeck.

chères aux amis des libertés de l'esprit. Tout aimables et
si sociables [1], elles n'ont pas les habitudes de la vie renfer-
mée, pesante, qui est propre à l'Allemagne. Elles sont
pleines d'air et de soleil. Elles étaient liées jadis aux libres
cités de la Suisse par une bonne confraternité. Elles s'ai-
maient, se secouraient, ces voisines, et si promptement
par la descente du Rhin, « qu'un pâté cuit, apporté par les
bons amis de Suisse, fût chaud encore à Strasbourg. »
Leurs rapports avec la Hollande, la Hanse [2], n'étaient
guère moins intimes. Ainsi, des quatre côtés, Strasbourg,
Francfort, etc., étaient des médiatrices entre les nations.
Elles l'ont été pour le monde par la grande révélation moderne, l'imprimerie [3]. Leur littérature, à elles, rieuse, légère et satirique, diffère beaucoup de l'allemande. Leur
Mürner [4] m'amusait beaucoup, et je ne m'étonne pas que
le grand Gœthe [5], né à Francfort, ait fait ses études à
Strasbourg. Oh ! la bonne ville pour y vivre ! abondante
en toute denrée, en livres [6], en secours de tous genres !
Mêlée d'études, de commerce [7], d'un grand souffle militaire,
de vie joyeuse, sérieuse.

L'excellent vieux roi de Bavière, qui accueillit nos Français (au commencement de ce siècle) se plaisait à leur
conter le bon temps que, jeune officier, il avait passé à
Strasbourg. C'était une ville de plaisir, mais de cœur, où
la bonhomie naïve de l'antique Alsace mettait un charme
singulier. Tout y était ennobli et par la solennité guerrière
de la position [8], et par les hautes pensées que donnent ses
monuments, les œuvres de ses grands Maçons [9], imitées

---

1. Tellement sociables ; *si* est pris
ici dans un sens un peu exclamatif.

2. Ligue commerciale formée vers
le milieu du treizième siècle entre
Hambourg et Lubeck, et où entrèrent
successivement les principales villes
commerçantes du nord de l'Europe.

3. L'imprimerie fut inventée proba-
blement à Strasbourg par Gutenberg,
né à Mayence.

4. Écrivain, né à Strasbourg vers
la fin du quinzième siècle ; fut tour à
tour prédicateur, poète, écrivain satirique.

5. Un des plus grands génies de
l'Allemagne moderne, Gœthe (1749-
1832), fut à la fois un savant, un pen-
seur et un poète. Son œuvre la plus
célèbre est *Faust.*

6. La bibliothèque de Strasbourg,
une des plus riches de France, fut in-
cendiée par les Allemands en 1870.

7. C'est-à-dire, les études s'y mêlent au commerce.

8. Strasbourg était et est encore
une place forte.

9. Allusion à la cathédrale de
Strasbourg, chef-d'œuvre d'architec-
ture gothique, dont la flèche a 142ᵐ
de haut.

de toute la terre. Là Gœthe et Victor Hugo, tant de poètes, de savants, d'artistes, vinrent puiser.

Non seulement c'est la France, mais[1] avec un caractère de bonté généreuse que n'ont pas beaucoup de nos provinces françaises. La noble industrie de l'Alsace, bien plus qu'aucune autre en France, s'est inquiétée de l'ouvrier. Dans sa production grandiose, elle ne s'est pas occupée seulement de la chose, mais de l'homme aussi. Elle a eu souci de la vie humaine. Dans la guerre, les héros d'Alsace ont eu un esprit de paix. Qu'il est touchant de lire les notes que, chaque soir, écrivait Kléber[2], dans l'affreuse guerre de la Vendée ! Quel cœur ! Quelle humanité !...

Au reste, il y a une chose plus forte, plus décisive ; c'est que le grand chant de la France, celui que, je ne sais pourquoi, on nomme la *Marseillaise*[3], jaillit de ce brûlant foyer national, incandescent aux frontières devant l'ennemi. Ce chant ne se fit qu'à Strasbourg. Et celui qui l'y trouva, une fois sorti de l'Alsace, n'a plus rien tiré de lui.

La France devant l'Europe (1870).

LAMARTINE

Alphonse de Lamartine, né en 1790 à Mâcon, mort en 1869, est un des plus grands poètes du dix-neuvième siècle. Ses poésies : les *Méditations*, les *Harmonies*, *Jocelyn*, se distinguent par la majesté et l'harmonie de la forme, l'élévation religieuse de la pensée, et la tendresse rêveuse du sentiment. Lamartine a écrit aussi des ouvrages en prose, entre autres, *Raphaël*, et l'*Histoire des Girondins*.

1. Tournure très elliptique ; non seulement c'est la France, mais c'est la France avec...

2. Célèbre général français, né à Strasbourg, en 1759, assassiné au Caire (Égypte), en 1800.

3. La *Marseillaise* fut composée à Strasbourg, en 1792, par Rouget de l'Isle. Il l'avait appelée *Chant de l'armée du Rhin*, on l'appela la *Marseillaise* après la journée du 10 août, où elle fut chantée par les volontaires marseillais.

La prière.

Le roi brillant du jour, se couchant dans sa gloire,
Descend avec lenteur de son char de victoire ;
Le nuage éclatant qui le cache à nos yeux
Conserve en sillons d'or sa trace dans les cieux,
Et d'un reflet de pourpre inonde l'étendue.
Comme une lampe d'or dans l'azur suspendue,
La lune se balance au bord de l'horizon ;
Ses rayons affaiblis dorment sur le gazon,

Lamartine.

Et le voile des nuits sur les monts se déplie.
C'est l'heure où la nature, un moment recueillie,
Entre la nuit qui tombe et le jour qui s'enfuit
S'élève au[1] créateur du jour et de la nuit,
Et semble offrir à Dieu, dans son brillant langage,

1. Vers le.

De la création le magnifique hommage.
Voilà le sacrifice immense, universel !
L'univers est le temple et la terre est l'autel ;
Les cieux en sont le dôme, et ses astres sans nombre,
Ces feux demi-voilés, pâle ornement de l'ombre,
Dans la voûte d'azur avec ordre semés,
Sont les sacrés flambeaux pour ce temple allumés ;
Et ces nuages purs qu'un jour mourant colore,
Et qu'un souffle léger, du couchant à l'aurore,
Dans les plaines de l'air repliant mollement,
Roule en flocons de pourpre aux bords du firmament,
Sont les flots de l'encens qui monte et s'évapore
Jusqu'au trône du Dieu que la nature adore.
Mais ce temple est sans voix. Où sont les saints concerts ?
D'où s'élèvera l'hymne au roi de l'univers ?
Tout se tait : mon cœur seul parle dans ce silence.
La voix de l'univers, c'est mon intelligence ;
Sur les rayons du soir, sur les ailes du vent,
Elle s'élève à Dieu comme un parfum vivant,
Et, donnant un langage à toute créature,
Prête, pour l'adorer, mon âme à la nature.
Seul, invoquant ici son regard paternel,
Je remplis le désert du nom de l'Eternel,
Et celui qui, du sein de sa gloire infinie,
Des sphères qu'il ordonne écoute l'harmonie,
Ecoute aussi la voix de mon humble raison,
Qui contemple sa gloire et murmure son nom.
Salut, principe et fin de toi-même et du monde !
Toi qui rends d'un regard l'immensité féconde,
Ame de l'univers, Dieu, père, créateur,
Sous tous ces noms divers je crois en toi, Seigneur ;
Et, sans avoir besoin d'entendre ta parole,
Je lis au fond des cieux ton glorieux symbole.
L'étendue à mes yeux révèle ta grandeur.
La terre, ta bonté, les astres, ta splendeur ;
Tu t'es produit [1] toi-même en ton brillant ouvrage !

1. Manifesté.

L'univers tout entier réfléchit ton image,
Et mon âme à son tour réfléchit l'univers.
Ma pensée, embrassant tes attributs divers,
Partout autour de toi te découvre et t'adore,
Se contemple soi-même ; et t'y découvre encore.
Ainsi l'astre du jour éclate dans les cieux,
Se réfléchit dans l'onde et se peint à mes yeux.
C'est peu de croire en toi, bonté, beauté suprême !
Je te cherche partout, j'aspire à toi, je t'aime !
Mon âme est un rayon de lumière et d'amour
Qui, du foyer divin détaché pour un jour,
De désirs dévorants loin de toi consumée,
Brûle de remonter à sa source enflammée.
Je respire, je sens, je pense, j'aime en toi !
Ce monde qui te cache est transparent pour moi !
C'est toi que je découvre au fond de la nature,
C'est toi que je bénis dans toute créature.
Pour m'approcher de toi, j'ai fui dans ces déserts :
Là, quand l'aube, agitant son voile dans les airs,
Entr'ouvre l'horizon qu'un jour naissant colore,
Et sème sur les monts les perles de l'aurore,
Pour moi c'est ton regard qui, du divin séjour,
S'entr'ouvre sur le monde et lui répand le jour.
Quand l'astre à son midi, suspendant sa carrière,
M'inonde de chaleur, de vie et de lumière,
Dans ces puissants rayons, qui raniment mes sens,
Seigneur, c'est ta vertu, ton souffle que je sens ;
Et quand la nuit, guidant son cortège d'étoiles,
Sur le monde endormi jette ses sombres voiles,
Seul, au sein du désert et de l'obscurité
Méditant de la nuit la douce majesté,
Enveloppé de calme, et d'ombre, et de silence,
Mon âme de plus près adore ta présence ;
D'un jour intérieur je me sens éclairer,
Et j'entends une voix qui me dit d'espérer.
Oui, j'espère, Seigneur, en ta magnificence :
Partout à pleines mains prodiguant l'existence,
Tu n'auras pas borné le nombre de mes jours

A ces jours d'ici-bas, si troublés et si courts.
Je te vois en tous lieux conserver et produire :
Celui qui peut créer dédaigne de détruire.
Témoin de ta puissance et sûr de ta bonté,
J'attends le jour sans fin de l'immortalité.
La mort m'entoure en vain de ses ombres funèbres,
Ma raison voit le jour à travers les ténèbres ;
C'est le dernier degré qui m'approche de toi,
Hâte pour moi, Seigneur, ce moment que j'implore,
Ou, si dans tes secrets tu le retiens encore,
Entends du haut du ciel le cri de mes besoins !
L'atome et l'univers sont l'objet de tes soins :
Des dons de ta bonté soutiens mon indigence,
Nourris mon corps de pain, mon âme d'espérance ;
Réchauffe d'un regard de tes yeux tout-puissants
Mon esprit éclipsé par l'ombre de mes sens ;
Et, comme le soleil aspire la rosée,
Dans ton sein à jamais absorbe ma pensée !

Premières Méditations poétiques.

———

ALFRED DE VIGNY

Alfred de Vigny, né à Loches en 1797, mort en 1863.
Ses principaux ouvrages sont, les *Poèmes antiques et modernes*,
plusieurs romans, *Cinq-Mars*, *Stello*, *Grandeur et servitude
militaire*, et deux drames, la *Maréchale d'Ancre* et *Chatterton*.
De Vigny se rattache au grand mouvement littéraire de 1830 ;
il excelle dans l'analyse et la peinture des sentiments déli-
cats de l'âme.

La frégate « la Sérieuse. »

Ainsi près d'Aboukir[1] reposait ma frégate[2] ;
A l'ancre dans la rade, en avant des vaisseaux,

1. Village de Basse Égypte. Dans la rade d'Aboukir, se livra le 1er et le 2 août 1798, une bataille navale, dans laquelle l'amiral anglais Nelson détruisit la flotte de Brueys.

2. Vaisseau de guerre d'une force inférieure à celle des vaisseaux de ligne.

On voyait de bien loin son corset d'écarlate [1]
    Se mirer dans les eaux.

Il faisait beau. — La mer, de sable environnée,
Brillait comme un bassin d'argent entouré d'or [2] ;
Un vaste soleil rouge annonça la journée
    Du quinze thermidor [3].

La *Sérieuse* alors s'ébranla sur sa quille [4] :
Quand venait un combat, c'était toujours ainsi ;
Je le reconnus bien, et je lui dis : ma fille,
    Je te comprends, merci.

J'avais une lunette exercée aux étoiles ;
Je la pris, et la tins ferme sur l'horizon.
— Une, deux, trois, — je vis treize et quatorze voiles ;
    Enfin, c'était Nelson [5].

Il courait contre nous en avant de la brise ;
La *Sérieuse* à l'ancre, immobile s'offrant,
Reçut le rude abord sans en être surprise,
    Comme un roc un torrent [6].

Tous [7] passèrent près d'elle en lâchant leur bordée [8] ;
Fière, elle répondit aussi quatorze fois [9] ;
Et par tous les vaisseaux elle fut débordée [10],
    Mais il en resta trois.

Trois vaisseaux de haut bord [11] combattre une frégate !
Est-ce l'art d'un marin ? le trait d'un amiral ?
Un écumeur de mer, un forban [12], un pirate,
    N'eût pas agi si mal !

---

1. La coque du vaisseau peinte en rouge.

2. Le sable de mer est doré.

3. Le onzième mois du calendrier républicain ; commençait le 19 juillet, et finissait le 17 août.

4. La quille est la base du navire.

5. Amiral anglais.

6. Comme un roc reçoit le choc d'un torrent.

7. Tous les vaisseaux de Nelson.

8. En lâchant la décharge de leur bordée ; la bordée est la ligne d'artillerie placée sur le flanc d'un vaisseau.

9. Aux quatorze bordées.

10. En terme de marine, le bord est le côté d'un vaisseau ; vaisseaux de haut bord, vaisseaux aux flancs élevés.

11. Un corsaire.

12. Synonyme de pirate.

N'importe ! elle bondit dans son repos troublée,
Elle tourna trois fois jetant vingt-quatre éclairs[1],
Et rendit tous les coups dont elle était criblée,
    Feux pour feux, fers pour fers[2].

Ses boulets enchaînés[3] fauchaient des mâts énormes,
Faisaient voler le sang, la poudre, et le goudron,
S'enfonçaient dans le bois, comme au cœur des grands
    Le coin du bûcheron.   [ormes

Un brouillard de fumée où la flamme étincelle
L'entourait ; mais, le corps brûlé, noir, écharpé,
Elle tournait, roulait et se tordait sous elle[4],
    Comme un serpent coupé.

Le soleil s'éclipsa dans l'air plein de bitume[5].
Ce jour entier passa dans le feu, dans le bruit ;
Et lorsque la nuit vint, sous cette ardente brume
    On ne vit pas la nuit.

Nous étions enfermés comme dans un orage :
Des deux flottes au loin le canon s'y mêlait ;
On tirait en aveugle à travers le nuage,
    Toute la mer brûlait.

Mais quand le jour revint, chacun connut son œuvre.
Les trois vaisseaux flottaient démâtés, et si las
Qu'ils n'avaient plus de force assez pour la manœuvre ;
    Mais ma frégate, hélas !

Elle ne voulait plus obéir à son maître ;
Mutilée, impuissante, elle allait au hasard ;
Sans gouvernail, sans mâts, on n'eût pu reconnaître
    La merveille de l'art !

Engloutie à demi, son large pont à peine
S'affaissant par degrés se montrait sur les flots ;
Et là ne restaient plus, avec moi capitaine,
    Que douze matelots.

1. Par ses vingt-quatre canons.
2. Boulets pour boulets.
3. Boulets enchaînés et ramés, boulets reliés par une chaîne.

4. Sous la fumée ou sous la flamme.
5. Dans l'air plein de vapeurs de goudron.

Je les fis mettre en mer à bord d'une chaloupe;
Hors de notre eau tournante et de son tourbillon:
Et je revins tout seul me coucher sur la poupe[1]
　　Au pied du pavillon[2].

J'aperçus des Anglais les figures livides,
Faisant pour s'approcher un inutile effort,
Sur leurs vaisseaux flottants comme des tonneaux vides,
　　Vaincus par notre mort.

La *Sérieuse* alors semblait à l'agonie,
L'eau dans ses cavités bouillonnait sourdement;
Elle, comme voyant sa carrière finie,
　　Gémit profondément.

Je me sentis pleurer, et ce fut un prodige,
Un mouvement honteux; mais bientôt l'étouffant[3]:
Nous nous sommes conduits comme il fallait, lui dis-je;
　　Adieu donc, mon enfant.

Elle plongea d'abord sa poupe et puis sa proue[4],
Mon pavillon noyé se montrait en dessous;
Puis elle s'enfonça, tournant comme une roue
　　Et la mer vint sur nous.

———

BALZAC

Honoré de Balzac, né à Tours en 1799, mort en 1850, est, avec George Sand, le plus grand romancier français du dix-neuvième siècle. Dans une longue série de romans, groupés sous le nom de *Comédie humaine*, il a entrepris de peindre, sous tous ses aspects, la société de son temps, et d'analyser tous les sentiments bons ou mauvais du cœur humain. C'est une œuvre immense, dont quelques parties, le *Lys dans la vallée*, *Ursule Mirouet*, *Eugénie Grandet*, le *Père Goriot*, *César Birotteau*, la *Recherche de l'absolu*, sont des chefs-d'œuvre. Balzac excelle dans la peinture des mœurs; son style est loin d'égaler son talent d'observateur.

1. Arrière du vaisseau.　　3. Étouffant ce mouvement honteux.
2. Le drapeau.　　4. L'avant du vaisseau.

La probité.

César [1], sa femme et sa fille se comprirent. Le pauvre employé voulut atteindre à un résultat [2] sinon impossible, du moins gigantesque : au payement intégral [3] de sa dette ! Ces trois êtres, unis par le lien d'une probité féroce, devinrent avares, et se refusèrent tout : un liard leur paraissait sacré. Par calcul, Césarine [4] eut pour son commerce un dévouement de jeune fille. Elle passait les nuits, s'ingéniait pour accroître la prospérité de la maison, trouvait des dessins d'étoffes et déployait un génie commercial inné. Les maîtres étaient obligés de modérer son ardeur au travail, ils la récompensaient par des gratifications ; mais elle refusait les parures et les bijoux que lui proposaient ses patrons. De l'argent ! était son cri. Chaque mois, elle apportait ses appointements, ses petits gains à son oncle Pillerault. Autant en faisait César, autant madame Birotteau. Tous trois se reconnaissant inhabiles, aucun d'eux ne voulant assumer sur lui la responsabilité du mouvement des fonds, ils avaient remis à Pillerault la direction suprême du placement de leurs économies. Redevenu négociant, l'oncle tirait parti des fonds dans les reports à la Bourse [5]. On apprit plus tard qu'il avait été secondé dans cette œuvre par Jules Desmarets et par Joseph Lebas, empressés l'un et l'autre de lui indiquer les affaires sans risques.

L'ancien parfumeur, qui vivait auprès de son oncle, n'osait le questionner sur l'emploi des sommes acquises par ses travaux et par ceux de sa fille et de sa femme. Il allait tête baissée par les rues, dérobant à tous les regards son visage abattu, décomposé, stupide [6]. César se repro-

---

1. César Birotteau, négociant parfumeur, qui après une période de prospérité, a été brusquement entraîné dans la faillite, par des spéculations hasardées.

2. Atteindre s'emploie au neutre, lorsque le but ne peut être atteint sans effort.

3. Complet, auquel il ne manque rien.

4. Fille de Birotteau, devenue employée de commerce après le désastre de son père.

5. En langage de Bourse, on appelle report le prêt, pour un temps déterminé, d'un capital, contre remise d'un titre de fonds publics, sous la forme d'un achat au comptant, et d'une vente à terme.

6. Hébété, sans pensée.

chait de porter du drap fin. — Au moins, disait-il avec un regard angélique à son oncle, je ne mange pas le pain de mes créanciers. Votre pain me semble doux quoique donné par la pitié que je vous inspire, en songeant que, grâce à cette sainte charité, je ne vole rien sur mes appointements.

Les négociants qui rencontraient l'employé n'y retrouvaient aucun vestige du parfumeur. Les indifférents concevaient une immense idée des chutes humaines à l'aspect de cet homme au visage duquel le chagrin le plus noir avait mis son deuil. N'est pas détruit qui veut. Les gens légers, sans conscience, à qui tout est indifférent, ne peuvent jamais offrir le spectacle d'un désastre. La religion seule imprime un sceau particulier sur les êtres tombés : ils croient à un avenir, à une Providence; il est en eux une certaine lueur qui les signale, un air de résignation sainte entremêlée d'espérance qui cause une sorte d'attendrissement; ils savent tout ce qu'ils ont perdu, comme un ange exilé pleurant à la porte du ciel. Les faillis ne peuvent se présenter à la Bourse [1]. César, chassé du domaine de la probité, était une image de l'ange soupirant après le pardon. Pendant quatorze mois, plein des religieuses pensées que sa chute lui inspira, Birotteau refusa tout plaisir. Quoique sûr de l'amitié des Ragon, il fut impossible de le déterminer à venir dîner chez eux, ni chez les Lebas, ni chez les Matifat, ni chez les Protez et Chiffreville [2], ni même chez M. Vauquelin, qui tous s'empressèrent d'honorer en César une vertu supérieure. César aimait mieux être seul dans sa chambre que de rencontrer le regard d'un créancier. Les prévenances les plus cordiales de ses amis lui rappelaient amèrement sa position. Constance et Césarine n'allaient alors nulle part. Le dimanche et les fêtes, seuls jours où elles fussent libres, ces deux femmes venaient à l'heure de la messe prendre César et lui tenaient compagnie chez Pillerault, après

1. Dans les villes commerçantes, la Bourse est le local où se réunissent les négociants, les agents de change, les courtiers.

2. Anciens amis de Birotteau.

avoir accompli leurs devoirs religieux. Pillerault invitait l'abbé Loraux, dont la parole soutenait César dans sa vie d'épreuves, et ils restaient alors en famille. L'ancien quincailler [1] avait la fibre de la probité trop sensible pour désapprouver les délicatesses de César. Aussi avait-il songé à augmenter le nombre des personnes au milieu desquelles le failli pouvait se montrer le front blanc [2] et l'œil à hauteur d'homme [3]. *César Birotteau.*

VICTOR HUGO

Victor Hugo, né à Besançon en 1802, est certainement le plus grand génie poétique du dix-neuvième siècle. Les poètes du premier Empire s'étaient fait un idéal de convention au nom duquel, sous prétexte de respecter les traditions classiques, ils négligeaient de véritables beautés. Victor Hugo voulut donner à l'art plus de liberté, plus de vie, un champ plus vaste, en lui assignant comme objet la peinture de l'homme entier et de la nature entière. Il se mit à la tête de l'école littéraire que vers 1830 on appela le *romantisme*, école qui avait pour formule : « Tout ce qui est dans la nature doit se retrouver dans l'art. » Cette formule, Victor Hugo l'a justifiée par ses ouvrages. Tous les aspects de la nature, tous les sentiments du cœur humain sont peints dans son œuvre, qui comprend des poésies lyriques : les *Odes et Ballades*, les *Orientales*, les *Feuilles d'automne*, les *Voix intérieures*, les *Rayons et les Ombres*, les *Contemplations*, la *Légende des siècles*; des satires, les *Châtiments*, écrits dans l'exil; des drames, *Hernani*, *Marion Delorme*, *le Roi s'amuse*, *Ruy Blas*, *Lucrèce Borgia*, *Cromwell*; des romans, *Notre-Dame de Paris*, les *Misérables*, les *Travailleurs de la mer*, *Quatre-Vingt-Treize*.

Waterloo.

Waterloo ! Waterloo ! Waterloo ! morne plaine !
Comme une onde qui bout dans une urne trop pleine,

1. C'est l'oncle Pillerault.
2. Sans rougeur au front.
3. Sans être forcé de baisser les regards.

Dans ton cirque de bois, de coteaux, de vallons,
La pâle mort mêlait les sombres bataillons.
D'un côté c'est l'Europe [1] et de l'autre la France.
Choc sanglant ! des héros Dieu trompait l'espérance ;
Tu désertais, victoire, et le sort était las.
O Waterloo ! je pleure et je m'arrête, hélas !
Car ces derniers soldats de la dernière guerre

Victor Hugo.

Furent grands ; ils avaient vaincu toute la terre,
Chassé vingt rois, passé les Alpes et le Rhin ;
Et leur âme chantait dans les clairons d'airain !
Le soir tombait ; la lutte était ardente et noire.
Il [2] avait l'offensive et presque la victoire ;
Il tenait Wellington acculé sur un bois.
Sa lunette à la main il observait parfois
Le centre du combat, point obscur où tressaille

1. Les armées des coalisés. | 2. Napoléon.

La mêlée, effroyable et vivante broussaille,
Et parfois l'horizon, sombre comme la mer.
Soudain, joyeux, il dit : Grouchy [1] — C'était Blücher !
L'espoir changea de camp, le combat changea d'âme,
La mêlée en hurlant grandit comme une flamme.
La batterie anglaise écrasa nos carrés [2].
La plaine, où frissonnaient les drapeaux déchirés,
Ne fut plus, dans les cris des mourants qu'on égorge,
Qu'un gouffre flamboyant, rouge comme une forge ;
Gouffre où les régiments, comme des pans de murs,
Tombaient, où se couchaient comme des épis mûrs,
Les hauts tambours-majors aux panaches énormes,
Où l'on entrevoyait des blessures difformes !
Carnage affreux ! moment fatal ! l'homme inquiet [3]
Sentit que la bataille entre ses mains pliait.
Derrière un mamelon la garde [4] était massée.
La garde, espoir suprême et suprême pensée !
— Allons ! faites donner la garde, cria-t-il ! —
Et lanciers, grenadiers aux guêtres de coutil,
Dragons que Rome eût pris pour des légionnaires [5],
Cuirassiers, canonniers qui traînaient des tonnerres,
Portant le noir colback [6] ou le casque poli,
Tous, ceux de Friedland et ceux de Rivoli [7],
Comprenant qu'ils allaient mourir dans cette fête,
Saluèrent leur Dieu, debout dans la tempête.
Leur bouche, d'un seul cri, dit : vive l'empereur !
Puis, à pas lents, musique en tête, sans fureur,
Tranquille, souriant à la mitraille anglaise,
La garde impériale entra dans la fournaise.
Hélas ! Napoléon, sur sa garde penché,
Regardait, et, sitôt qu'ils avaient débouché

1. Maréchal de France. Il avait été chargé par Napoléon d'empêcher la jonction de Blücher et de Wellington. Il n'y réussit pas. Au lieu de marcher au canon de Waterloo, il attendit de nouveaux ordres de Napoléon ; quand il les reçut, Blücher avait rejoint Wellington.

2. Nos fantassins formés en carrés.

3. Napoléon.

4. La garde impériale.

5. C'est-à-dire solides comme les soldats des légions de l'ancienne Rome.

6. Coiffure militaire.

7. Friedland, Rivoli, célèbres batailles gagnées par Napoléon.

Sous les sombres canons crachant des jets de soufre,
Voyait, l'un après l'autre, en cet horrible gouffre,
Fondre ces régiments de granit et d'acier
Comme fond une cire au souffle d'un brasier.
Ils allaient, l'arme au bras, front haut, graves, stoïques.
Pas un ne recula. Dormez, morts héroïques !
Le reste de l'armée hésitait sur leurs corps
Et regardait mourir la garde. — C'est alors
Qu'élevant tout à coup sa voix désespérée,
La déroute, géante à la face effarée,
Qui, pâle, épouvantant les plus fiers bataillons,
Changeant subitement les drapeaux en haillons,
A de certains moments, spectre fait de fumées,
Se lève grandissante au milieu des armées,
La déroute apparut au soldat qui s'émeut,
Et, se tordant les bras, cria : Sauve qui peut !
Sauve qui peut ! affront ! horreur ! toutes les bouches
Criaient ; à travers champs, fous, éperdus, farouches,
Comme si quelque souffle avait passé sur eux,
Parmi les lourds caissons et les fourgons poudreux,
Roulant dans les fossés, se cachant dans les seigles,
Jetant schakos [1], manteaux, fusils, jetant les aigles [2],
Sous les sabres prussiens, ces vétérans, ô deuil !
Tremblaient, hurlaient, pleuraient, couraient ! — En un
Comme s'envole au vent une paille enflammée, [clin d'œil.
S'évanouit ce bruit qui fut la grande armée,
Et cette plaine, hélas ! où l'on rêve aujourd'hui,
Vit fuir ceux devant qui l'univers avait fui !
Quarante ans sont passés, et ce coin de la terre,
Waterloo, ce plateau funèbre et solitaire,
Ce champ sinistre où Dieu mêla tant de néants,
Tremble encor d'avoir vu la fuite des géants !

Les Châtiments.

1. Coiffure militaire.

2. C'est-à-dire les drapeaux surmontés d'aigles.

Morts pour la patrie.

Ceux qui pieusement sont morts pour la patrie
Ont droit qu'à leur cercueil la foule vienne et prie.
Entre les plus beaux noms leur nom est le plus beau,
Toute gloire près d'eux passe et tombe éphémère ;
　　Et, comme ferait une mère,
La voix d'un peuple entier les berce en leur tombeau !

　　Gloire à notre France éternelle !
　　Gloire à ceux qui sont morts pour elle !
　　Aux martyrs ! aux vaillants ! aux forts !
　　A ceux qu'enflamme leur exemple,
　　Qui veulent place dans le temple,
　　Et qui mourront comme ils sont morts !

C'est pour ces morts, dont l'ombre est ici bienvenue,
Que le haut Panthéon [1] élève dans la nue,
Au dessus de Paris, la ville aux mille tours,
La reine de nos Tyrs et de nos Babylones,
　　Cette couronne de colonnes [2]
Que le soleil levant redore tous les jours !

　　Gloire à notre France éternelle !
　　Gloire à ceux qui sont morts pour elle !
　　Aux martyrs ! aux vaillants ! aux forts !
　　A ceux qu'enflamme leur exemple,
　　Qui veulent place dans le temple,
　　Et qui mourront comme ils sont morts !

Ainsi, quand de tels morts sont couchés dans la tombe,
En vain l'oubli, nuit sombre où va tout ce qui tombe,
Passe sur leur sépulcre où nous nous inclinons ;
Chaque jour, pour eux seuls se levant plus fidèle,

1. Monument construit à Paris, sur la colline Sainte-Geneviève, par Soufflot, au milieu du dix-huitième siècle. C'était primitivement une église consacrée à Sainte-Geneviève. En 1791, l'Assemblée constituante décida que ce monument serait appelé Panthéon et recevrait les restes des grands hommes. Le fronton du Panthéon porte cette inscription : Aux grands hommes, la patrie reconnaissante.

2. Le dôme du Panthéon est porté par une ceinture de colonnes.

La gloire, aube[1] toujours nouvelle,
Fait luire leur mémoire et redore leurs noms !

Gloire à notre France éternelle !
Gloire à ceux qui sont morts pour elle !
Aux martyrs ! aux vaillants ! aux forts !
A ceux qu'enflamme leur exemple,
Qui veulent place dans le temple,
Et qui mourront comme ils sont morts !

Les Chants du Crépuscule.

GEORGE SAND

Amantine-Lucile-Aurore Dupin, qui a illustré le nom de George Sand, est née à Paris, en 1804 ; elle est morte à Nohant, en 1878. Ses principaux romans sont : *Indiana*, *Valentine*, *Lélia*, *André*, *Mauprat*, *François Le Champi*, *la Mare au Diable*, *la Petite Fadette*, *le Marquis de Villemer*, *les beaux Messieurs de Bois Doré*.

Conseils d'une mère à son fils[2].

Paris, 18 juin 1835.

Travaille, sois fort, sois fier, sois indépendant, méprise les petites vexations attribuées à ton âge. Réserve ta force de résistance pour des actes et contre des faits qui en vaudront la peine. Ces temps viendront. Si je n'y suis plus, pense à moi, qui ai souffert et travaillé gaiement. Nous nous ressemblons d'âme et de visage. Je sais dès aujourd'hui quelle sera ta vie intellectuelle. Je crains pour toi bien des douleurs profondes, j'espère pour toi des joies bien pures. Garde en toi le trésor de la bonté. Sache donner sans hésitation, perdre sans regret, acquérir sans lâcheté. Sache mettre dans ton cœur le bonheur de ceux que tu aimes à la place de celui qui te manquera ! Garde

---

1. Premier blanchissement de l'horizon, au point du jour.   2. Cette lettre est adressée par George Sand à son fils.

l'espérance d'une autre vie, c'est là que les mères retrouvent leurs fils. Aime toutes les créatures de Dieu ; pardonne à celles qui sont disgraciées ; résiste à celles qui sont iniques ; dévoue-toi à celles qui sont grandes par la vertu.

Aime-moi ! je t'apprendrai bien des choses, si nous vivons ensemble. Si nous ne sommes pas appelés à ce bonheur (le plus grand qui puisse m'arriver, le seul qui me fasse désirer une longue vie), tu prieras Dieu pour moi, et, du sein de la mort, s'il reste dans l'univers quelque chose de moi, l'ombre de ta mère veillera sur toi.

Correspondance.

La paix de l'âme dans le travail.

A l'extrémité de la plaine labourable, un jeune homme de bonne mine conduisait un attelage magnifique : quatre paires de jeunes animaux à robe sombre mêlée de noir fauve à reflets de feu, avec ces têtes courtes et frisées qui sentent encore le taureau sauvage, ces gros yeux farouches, ces mouvements brusques, ce travail nerveux et saccadé, qui s'irrite encore du joug et de l'aiguillon, et n'obéit qu'en frémissant de colère à la domination nouvellement imposée. C'est ce qu'on appelle des bœufs *fraîchement liés*[1]. L'homme qui les gouvernait avait à défricher un coin naguère abandonné au pâturage, et rempli de souches séculaires, travail d'athlète auquel suffisaient à peine son énergie, sa jeunesse et ses huit animaux quasi indomptés.

Un enfant de six à sept ans, beau comme un ange, et les épaules couvertes, sur sa blouse, d'une peau d'agneau qui le faisait ressembler au petit saint Jean-Baptiste des peintres de la Renaissance, marchait dans le sillon parallèle à la charrue, et piquait le flanc des bœufs avec une gaule longue et légère, armée d'un aiguillon peu acéré. Les fiers animaux frémissaient sous la petite main de l'enfant, et faisaient grincer les jougs et les courroies liés

---

1. On lie les cornes des bœufs au joug placé sur leur front.

à leur front, en imprimant au timon de violentes secousses. Lorsqu'une racine arrêtait le soc, le laboureur criait d'une voix puissante, appelant chaque bête par son nom, mais plutôt pour calmer que pour exciter; car les bœufs, irrités par cette brusque résistance, bondissaient, creusaient la terre de leurs larges pieds fourchus, et se seraient jetés de côté, emportant l'*areau* [1] à travers champs, si, de sa voix et de l'aiguillon, le jeune homme n'eût maintenu les quatre premiers, tandis que l'enfant gouvernait les quatre autres. Il criait aussi, le pauvret, d'une voix qu'il voulait rendre terrible, et qui restait douce comme sa figure angélique. Tout cela était beau de force et de grâce : le paysage, l'homme, l'enfant, les taureaux sous le joug ; et, malgré cette lutte puissante, où la terre était vaincue, il y avait un sentiment de douceur et de calme profond qui planait sur toutes choses. Quand l'obstacle était surmonté et que l'attelage reprenait sa marche égale et solennelle, le laboureur, dont la feinte violence n'était qu'un exercice de vigueur et une dépense d'activité, reprenait tout à coup la sérénité des âmes simples et jetait un regard de contentement paternel sur son enfant, qui se retournait pour lui sourire. Puis la voix mâle de ce jeune père de famille entonnait le chant solennel et mélancolique que l'antique tradition du pays transmet, non à tous les laboureurs indistinctement, mais aux plus consommés dans l'art d'exciter et de soutenir l'ardeur des bœufs de travail... En voyant ce couple si beau, l'homme et l'enfant, accomplir dans des conditions si poétiques, et avec tant de grâce unie à la force, un travail plein de grandeur et de solennité, je sentais une pitié profonde mêlée à un respect involontaire.

La Mare au Diable.

1. La charrue.

AUGUSTE BARBIER

Auguste Barbier, né à Paris en 1805, est mort en 1882. Il se rendit tout à coup célèbre au lendemain de la Révolution de 1830, en écrivant les *Ïambes*. Les *Ïambes* sont des satires politiques, d'une forme originale et puissante. Jamais l'indignation soulevée par le spectacle des lâchetés humaines n'a inspiré de tels accents.

Le despotisme.

O Corse à cheveux plats [1] ! que ta France était belle
    Au grand soleil de messidor [2] !
C'était une cavale indomptable et rebelle [3],
    Sans frein d'acier ni rênes d'or ;
Une jument sauvage à la croupe rustique,
    Fumante encor du sang des rois [4],
Mais fière, et d'un pied fort heurtant le sol antique,
    Libre pour la première fois.
Jamais aucune main n'avait passé sur elle
    Pour la flétrir et l'outrager ;
Jamais ses larges flancs n'avaient porté la selle
    Et le harnais de l'étranger ;
Tout son poil était vierge, et, belle vagabonde,
    L'œil haut, la croupe en mouvement,
Sur ses jarrets dressée, elle effrayait le monde
    Du bruit de son hennissement [5].
Tu parus, et sitôt que tu vis son allure,
    Ses reins si souples et dispos,
Centaure [6] impétueux, tu pris sa chevelure,
    Tu montas botté sur son dos.
Alors, comme elle aimait les rumeurs de la guerre,

1. Bonaparte, né en Corse, portait de longs cheveux.
2. Le dixième mois du calendrier républicain ; commençait le 19 ou le 20 juin.
3. Allégorie poétique.
4. Allusion à la mort de Louis XVI.
5. Allusion à la terreur produite en Europe par la Révolution française.
6. Les centaures étaient des êtres fabuleux, moitié hommes, moitié chevaux.

La poudre, les tambours battants,
Pour champ de course, alors, tu lui donnas la terre
Et des combats pour passe-temps [1] :
Alors, plus de repos, plus de nuits, plus de sommes [2] ;
Toujours l'air, toujours le travail,
Toujours comme du sable écraser des corps d'hommes,
Toujours du sang jusqu'au poitrail.
Quinze ans son dur sabot, dans sa course rapide,
Broya les générations ;
Quinze ans elle passa, fumante, à toute bride,
Sur le ventre des nations ;
Enfin, lasse d'aller sans finir sa carrière,
D'aller sans user son chemin,
De pétrir l'univers, et comme une poussière
De soulever le genre humain ;
Les jarrets épuisés, haletante, sans force
Et fléchissant à chaque pas,
Elle demanda grâce à son cavalier corse ;
Mais, bourreau, tu n'écoutas pas !
Tu la pressas plus fort de ta cuisse nerveuse ;
Pour étouffer ses cris ardents,
Tu retournas le mors dans sa bouche baveuse,
De fureur tu brisas ses dents ;
Elle se releva : mais un jour de bataille,
Ne pouvant plus mordre ses freins,
Mourante, elle tomba sur un lit de mitraille
Et du coup te cassa les reins [3].

Les Iambes ; l'Idole.

ALFRED DE MUSSET

Alfred de Musset, né à Paris en 1810, mort en 1857, est
un de nos plus grands poètes. Chez lui l'esprit le plus fin et
le plus enjoué s'unit aux sentiments les plus émouvants et les

1. Allusion aux guerres de l'Empire.
2. Sommeil.
3. A Waterloo.

plus douloureux; l'âme de Musset a subi de profondes crises
morales qui se reflètent dans ses vers. Ses principales poésies
sont, les *Contes d'Espagne et d'Italie, Rolla,* les *Nuits,* l'*Épitre
à Lamartine,* l'*Espoir en Dieu.* Il écrivit des contes et des
pièces de théâtre pleines de charme : *Lorenzaccio, On ne ba-
dine pas avec l'amour, Il ne faut jurer de rien.*

L'espoir en Dieu.

O toi que nul n'a pu connaître,
Et n'a renié sans mentir,
Réponds-moi, toi qui m'as fait naître,
Et demain me feras mourir !
Puisque tu te laisses comprendre,
Pourquoi fais-tu douter de toi?
Quel triste plaisir peux-tu prendre
A tenter notre bonne foi ?
Dès que l'homme lève la tête,
Il croit t'entrevoir dans les cieux ;
La création, sa conquête,
N'est qu'un vaste temple à ses yeux.
Dès qu'il redescend en lui-même,
Il t'y trouve ; tu vis en lui.
S'il souffre, s'il pleure, s'il aime,
C'est son Dieu qui le veut ainsi.
De la plus noble intelligence
La plus sublime ambition
Est de prouver ton existence,
Et de faire épeler ton nom.
De quelque façon qu'on t'appelle,
Brahma[1], Jupiter[2] ou Jésus,
Vérité, justice éternelle,
Vers toi, tous les bras sont tendus.
Le dernier des fils de la terre
Te rend grâce du fond du cœur
Dès qu'il se mêle à sa misère
Une apparence de bonheur.

1. Divinité hindoue.   2. Divinité païenne.

Le monde entier te glorifie;
L'oiseau te chante sur son nid;
Et pour une goutte de pluie
Des milliers d'êtres t'ont béni.

Tu n'as rien fait qu'on ne l'admire;
Rien de toi n'est perdu pour nous;
Tout prie et tu ne peux sourire,
Que nous ne tombions à genoux.

Pourquoi donc, ô maître suprême,
As-tu créé le mal si grand,
Que la raison, la vertu même,
S'épouvantent en le voyant?

Lorsque tant de choses sur terre
Proclament la Divinité,
Et semblent attester d'un père
L'amour, la force et la bonté,

Comment sous la sainte lumière,
Voit-on des actes si hideux,
Qu'ils font expirer la prière
Sur les lèvres des malheureux?

Pourquoi dans ton œuvre céleste,
Tant d'éléments si peu d'accord?
A quoi bon le crime et la peste?
O Dieu juste! pourquoi la mort?

Ta pitié dut être profonde,
Lorsqu'avec ses biens et ses maux,
Cet admirable et pauvre monde
Sortit en pleurant du chaos!

Puisque tu voulais le soumettre
Aux douleurs dont il est rempli,
Tu n'aurais pas dû lui permettre
De t'entrevoir dans l'infini.

Pourquoi laisser notre misère
Rêver et deviner un Dieu?
Le doute a désolé la terre;
Nous en voyons trop ou trop peu.

Si la chétive créature
Est indigne de t'approcher,

Il fallait laisser la nature
T'envelopper et te cacher.
  Il te resterait ta puissance,
Et nous en sentirions les coups ;
Mais le repos et l'ignorance
Auraient rendu nos maux plus doux.
  Si la souffrance et la prière
N'atteignent pas ta majesté,
Garde ta grandeur solitaire,
Ferme à jamais l'immensité.
  Mais si nos angoisses mortelles
Jusqu'à toi peuvent parvenir ;
Si dans les plaines éternelles,
Parfois tu nous entends gémir,
  Brise cette voûte profonde
Qui couvre la création ;
Soulève les voiles du monde,
Et montre-toi, Dieu juste et bon !
  Tu n'apercevras sur la terre
Qu'un ardent amour de la foi,
Et l'humanité tout entière
Se prosternera devant toi.
  Les larmes qui l'ont épuisée
Et qui ruissellent de ses yeux,
Comme une légère rosée,
S'évanouiront dans les cieux.
  Tu n'entendras que les louanges,
Qu'un concert de joie et d'amour,
Pareil à celui dont tes anges
Remplissent l'éternel séjour ;
  Et dans cet hosanna suprême,
Tu verras au bruit de nos chants,
S'enfuir le doute et le blasphème,
Tandis que la Mort elle-même
Y joindra ses derniers accents.

DE LAPRADE

Pierre-Marie-Victor de Laprade est né à Montbrison en 1812.
Il a écrit des poésies d'une inspiration religieuse et d'un sentiment élevé, entre autres : *Psyché*, les *Poëmes évangéliques*,
les *Idylles héroïques*, les *Voix du silence*, *Pernette*.

Honorer le nom qu'on porte.

Un nom ! pourquoi l'orgueil de ce hochet suprême [1] ?
C'est que ton nom, mon fils, est bien plus que toi-même :
C'est le sang des aïeux souillés ou triomphants :
C'est ton père qui doit revivre en tes enfants ;
C'est, pour eux, l'aiguillon salutaire ou funeste ;
C'est ta honte, à leur front, ou ta vertu qui reste.
Fais donc que tes aïeux soient fiers de se revoir
Dans l'acier [2] de ton nom comme en un pur miroir.
Fais qu'au moins pour tes fils, ce nom ait un prestige ;
Fais-en l'arrêt fatal, la loi qui les oblige,
L'inflexible précepte et l'astre au firmament
Que chacun d'eux consulte et suive à tout moment [3],
Qui sur eux veille, aux jours d'épreuve, au temps prospère,
Comme a veillé sur toi le regard de ton père.
Travailler à son nom, ciseler de sa main
Cette image qui doit nous remplacer demain ;
L'illuminer des feux de notre foi chrétienne,
C'est l'œuvre de tout homme, et surtout, c'est la tienne !
C'est la nôtre, à nous tous qui portons le flambeau,
Poète ! et qui marchons à la quête du beau,
Qui veillons, sans un jour, sans une heure paisible,
Pour faire à tous les yeux éclater l'invisible ;
Pour faire pénétrer, écrite en mots vainqueurs,
La parole de vie au fond de tous les cœurs.

Les Voix du silence.

1. L'auteur place ces paroles dans la bouche du grand Corneille.
2. L'acier poli est brillant comme un miroir ; en même temps il est solide.
3. Le marin consulte les astres pour se diriger sur mer.

PONSARD

François Ponsard, né à Vienne (Isère) en 1814, mort en 1867, fut au théâtre le représentant des traditions classiques, avec lesquelles avait rompu l'école romantique (voir Victor Hugo). Il a écrit des tragédies, *Lucrèce*, *Agnès de Méranie*, *Charlotte Corday*, des comédies, l'*Honneur et l'Argent*, la *Bourse*, et des drames, le *Lion amoureux*, et *Galilée*, son chef-d'œuvre.

L'honnêteté s'éprouve dans l'adversité.

RODOLPHE.
Je dis qu'à l'indigent,
Plus qu'aux heureux du monde, on doit être indulgent,
Qu'il faut considérer les peines de la lutte,
Et, tout en le blâmant, l'assister dans sa chute.
GEORGE.
Et moi je n'admets pas que les privations
Soient jamais une excuse aux lâches actions;
Elles doivent plutôt exalter la bravoure;
Ce sont d'âpres plaisirs que la vertu savoure.
RODOLPHE.
C'est bien facile à dire, et moins à pratiquer.
Dieu garde que jamais tout vienne à te manquer.
GEORGE.
Je saurais être pauvre, et je m'en ferais gloire.
RODOLPHE.
Ce n'est pas impossible et je veux bien le croire,
Mais combien en est-il, parmi les mieux famés[1],
Que l'on verrait encor dignes d'être estimés,
Si, passant tout à coup du luxe à la misère,
Ils étaient dépouillés même du nécessaire?
Aisément, en paroles, ils bravent le besoin;
On est fort contre un mal que l'on n'éprouve point:

___

[1]. Ceux qui ont la meilleure réputation.

Aux paisibles vertus la fortune les pousse,
Et, par le grand chemin, les conduit sans secousse;
Comme la probité ne les prive de rien,
Il leur en coûte peu de se conduire bien,
Et quand on est pourvu de tout ce qu'on souhaite,
Il faudrait être un sot pour n'être pas honnête.
Va, la condition où les hommes sont nés
Les a, plus d'une fois, absous ou condamnés :
On voit dans les salons des gens fort honorables,
Qui seraient en prison étant nés[1] misérables,
Et, par un sort inverse, on en voit en prison,
Qui, nés riches, feraient honneur à leur maison.
La fortune, selon qu'elle est meilleure ou pire,
Jusque sur la pensée exerce son empire :
Tels sont amis de l'ordre[2], et se croient convaincus,
Qui sont conservateurs[3] pour garder leurs écus ;
Tels autres au progrès ont consacré leur vie,
Que l'orgueil fit tribuns[4] et novateurs[5] l'envie;
Donne tout à ceux-ci, rien à ceux-là ; — les uns
Seront conservateurs et les autres tribuns.

GEORGE.

Que prétends-tu prouver? qu'il n'est point d'honnête homme.

RODOLPHE.

Non, certes, il en est qu'à bon droit on renomme ;
Il en est qui, les yeux fixés sur le devoir,
D'un pas toujours égal, marchent sans s'émouvoir.
Leur ferme probité, fière sans arrogance,
Fuit les séductions et brave l'indigence ;
Aux honneurs mal acquis ils trouvent peu d'appas,
Et les privations ne les fléchissent pas.
Mais, pour ranger quelqu'un dans cette classe insigne[6],
Je demande comment il s'en est montré digne,

1. S'ils étaient nés.
2. En politique, amis de l'ordre, signifie conservateurs.
3. Conservateurs, ceux qui veulent conserver, ne rien changer à l'état de choses établi dans la société.
4. Les tribuns à Rome étaient des magistrats populaires : souvent ils attaquèrent la noblesse au nom du peuple ; de là le sens général du mot tribun : un agitateur populaire.
5. Celui qui innove, qui rêve de révolutions.
6. Remarquable, rare.

Et par quel sacrifice, au prix de quel effort,
Il a conquis ce nom que l'on prodigue à tort.

L'honneur et l'argent, acte I, scène III.

OCTAVE FEUILLET

Octave Feuillet, romancier, né à Saint-Lô en 1822. Ses principaux ouvrages sont : *le Roman d'un Jeune homme pauvre, Sibylle, M. de Camors.*

Le drapeau.

J'étais alors sous Metz... Dans la soirée dont je parle, le 27 octobre [1], j'avais été chargé de porter quelques ordres, dont le sens ne me paraissait que trop clair... Je devais, en particulier, arrêter dans sa marche un de nos régiments, dont j'ai oublié le numéro. Je l'avais rejoint et arrêté en effet... J'allais repartir... J'attendais seulement que mon cheval eût un peu soufflé... Nous nous trouvions alors dans une plaine, près d'un village nommé Colombey, je crois ; les horribles tempêtes qui marquèrent ces jours sinistres s'étaient apaisées pour quelques heures ; une lune tranquille se réflétait dans les flaques d'eau qui couvraient la campagne. Le régiment, en attendant de nouvelles instructions, gardait ses rangs, l'arme au pied. On avait allumé un grand feu de bivouac, autour duquel quelques officiers s'entretenaient à voix basse d'un air morne... Des bruits de capitulation couraient depuis la veille dans les camps... Le colonel, qui était un homme déjà mûr, à moustaches grisonnantes, allait et venait solitairement à quelque distance, en froissant dans sa main l'ordre que je lui avais apporté. — Tout à coup il s'approcha de moi et me saisit le bras : — Capitaine, me dit-il avec l'accent d'un homme qui en va provoquer mortellement un autre, deux mots, je vous prie !... — Vous venez

---

1. Le 27 octobre 1870, date de la capitulation de Metz signée par Bazaine.

du quartier général,... vous devez en savoir plus long que moi... C'est la fin, n'est ce pas?

— Mon colonel, on le dit, — et je le crois.

— Vous le croyez?... Comment pouvez-vous croire une chose pareille?

Il lâcha mon bras avec une sorte de violence, fit quelques pas, et, revenant à moi brusquement, il me regarda dans les yeux :

— Prisonniers, alors?

— Mon colonel, je le crains.

Il y eut encore un silence : il demeura quelque temps devant moi dans une attitude de réflexion profonde, puis relevant la tête, il reprit avec une émotion extraordinaire dans la voix :

— Et les drapeaux?

— Je ne sais pas, mon colonel.

— Ah ! vous ne savez pas?

Il me quitta de nouveau et marcha pendant cinq ou six minutes; s'avançant alors vers le front de ses hommes, il dit d'un ton de commandement : — Le drapeau !

Le sous-officier qui portait le drapeau sortit du rang. — Le colonel saisit la hampe d'une main, et levant l'autre vers le groupe des tambours : — Ouvrez un ban ! — dit-il.

Les tambours battirent.

Le colonel s'était approché du feu, portant haut le drapeau : il posa la hampe sur le sol, promena un regard sur le cercle des officiers, et se découvrit : — ils l'imitèrent tous aussitôt; la troupe attentive gardait un silence de mort. — Il eut alors un moment d'hésitation; je voyais ses lèvres trembler, ses yeux étaient attachés avec une expression d'angoisse sur le glorieux lambeau de soie déchirée, triste image de la patrie. Enfin, il se décida : il fléchit un genou, et coucha lentement l'aigle dans l'ardent foyer. — Une flamme plus vive jaillit soudain, et éclaira plus nettement les visages pâles des officiers. Quelques-uns pleuraient. — Fermez le ban ! dit le colonel, — et pour la seconde fois résonna la batterie lugubre des tambours détrempés par la pluie.

Il remit son képi, et vint vers moi : — Capitaine, — me dit-il de sa voix la plus dure, — quand vous serez là-bas, — ne vous faites aucun scrupule — aucun — de raconter ce que vous avez vu !... Je vous salue.

— Mon colonel ! lui dis-je, voulez-vous me permettre de vous embrasser ?

Il m'attira violemment sur sa poitrine, et me serrant à m'étouffer ! — Ah ! mon pauvre enfant ! murmura-t-il, — mon pauvre enfant !   *Journal d'une femme.*

RENAN

Ernest Renan est né à Tréguier (Côtes-du-Nord) en 1823. Ses principaux ouvrages sont : l'*Histoire des Langues sémitiques*, la *Vie de Jésus*, les *Apôtres*, *Saint Paul*, *Marc-Aurèle*, la *Mission en Phénicie*.

Ce que c'est qu'une nation.

Une nation est une âme, un principe spirituel. Deux choses, qui à vrai dire n'en font qu'une, constituent cette âme, ce principe spirituel. L'une est dans le passé, l'autre dans le présent. L'une est la possession en commun d'un riche legs de souvenirs ; l'autre est le consentement actuel, le désir de vivre ensemble, la volonté de continuer à faire valoir l'héritage qu'on a reçu indivis. L'homme, messieurs, ne s'improvise pas. La nation, comme l'individu, est l'aboutissant d'un long passé d'efforts, de sacrifices et de dévouement. Le culte des ancêtres est de tous le plus légitime : les ancêtres nous ont faits ce que nous sommes. Un passé héroïque, des grands hommes, de la gloire (j'entends de la véritable), voilà le capital social sur lequel on assied une idée nationale. Avoir des gloires communes dans le passé, une volonté commune dans le présent ; avoir fait de grandes choses ensemble, vouloir en faire encore, voilà la condition essentielle pour être un peuple. On aime en proportion des sacrifices qu'on a faits, des maux qu'on a soufferts. On aime la maison

qu'on a bâtie et qu'on transmet. Le chant spartiate :
« Nous sommes ce que vous fûtes; nous serons ce que
vous êtes, » est dans sa simplicité l'hymne abrégé de toute
patrie.

Dans le passé, un héritage de gloire et de regrets à partager, dans l'avenir un même programme à réaliser ; avoir
souffert, joui, espéré ensemble, voilà ce qui vaut mieux que
des douanes communes et des frontières conformes aux
idées stratégiques ; voilà ce que l'on comprend malgré les
diversités de race et de langue. Je disais tout à l'heure :
« avoir souffert ensemble; » oui, la souffrance en commun
unit plus que la joie. En fait de souvenirs nationaux, les
deuils valent mieux que les triomphes ; car ils imposent
des devoirs; ils commandent l'effort en commun.

Une nation est donc une grande solidarité, constituée
par le sentiment des sacrifices qu'on a faits et de ceux
qu'on est disposé à faire encore. Elle suppose un passé;
elle se résume pourtant dans le présent par un fait tan-
gible : le consentement, le désir clairement exprimé de
continuer la vie commune. L'existence d'une nation est
(pardonnez-moi cette métaphore) un plébiscite [1] de tous les
jours, comme l'existence de l'individu est une affirmation
perpétuelle de vie. Oh ! je le sais, cela est moins méta-
physique que le droit divin [2], moins brutal que le droit
prétendu historique [3]. Dans l'ordre d'idées que je vous
soumets, une nation n'a pas plus qu'un roi le droit de
dire à une province : « Tu m'appartiens; je te prends. »
Une province, pour nous, ce sont ses habitants; si quelqu'un en cette affaire a droit d'être consulté, c'est l'habitant. Une nation n'a jamais un véritable intérêt à
s'annexer ou à retenir un pays malgré lui. Le vœu des
populations est en définitive le seul critérium légitime,
celui auquel il faut toujours en revenir.

Qu'est-ce qu'une nation?

1. *Plébiscite*, vote par lequel, dans un pays de suffrage universel, le peuple entier est appelé à donner son avis sur une question qui l'intéresse.

2. La théorie de droit divin fait dériver de Dieu le pouvoir des rois.

3. Théorie en vertu de laquelle des peuples de même race, de même ori-gine historique devraient être réunis en une même nationalité.

TABLE DES MATIÈRES

DISPOSÉES EN VUE DE L'ENSEIGNEMENT DE LA MORALE

PRINCIPES GÉNÉRAUX DE LA MORALE

« La volonté de l'homme est soumise à une loi qui résulte de sa nature, qui par suite est universelle, la même dans tous les temps et tous les lieux ; cette loi est la loi du **devoir**. »

« Le devoir consiste essentiellement à respecter en soi et en autrui la **dignité de l'âme humaine**, et à faire tout ce qui peut l'accroître. »

« Le devoir suppose comme condition la **liberté morale**. La liberté, c'est le pouvoir que nous avons de prendre une résolution en sachant que nous pourrions prendre la résolution opposée. Dans l'univers, l'homme seul est libre ; les autres êtres obéissent à des lois qu'ils ignorent et auxquelles ils ne peuvent se soustraire. »

« Les **passions** sont des élans de l'âme qui obscurcissent l'intelligence et diminuent et suppriment même parfois la liberté. »

« Nous sommes avertis de ce qui est bon et de ce qui est mal, c'est-à-dire de ce qui est conforme et contraire au devoir par un sentiment intérieur qu'on appelle **con-**

science. La conscience nous punit du mal que nous faisons par le **remords.** »

« Aux idées morales que nous venons d'exposer se rattachent **l'existence de Dieu** et la croyance à **l'immortalité de l'âme.** »

« L'homme aspire au bonheur; beaucoup le font consister dans la possession de biens qui peuvent nous être ravis, tels que les richesses et les grandeurs. Le **vrai bonheur** consiste dans la **pratique du devoir,** alors même qu'elle entraînerait pour nous ce que les hommes considèrent le plus souvent comme un mal. »

LES DEVOIRS ET LES VERTUS

1° LES DEVOIRS DE L'HOMME ENVERS LUI-MÊME

« L'homme a des **devoirs envers lui-même.**

» Le premier de ces devoirs, celui qui est la condition de tous les autres, est de **ne pas attenter à sa vie.** »

« Nos devoirs envers nous-mêmes ont pour principe le **respect de la dignité humaine en nous-mêmes.** »

« Ce respect nous impose :

» **L'indépendance du caractère ; le courage ;** »

« **La grandeur d'âme** surtout dans les circonstances difficiles, comme le malheur ou la disgrâce ; »

« **La constance** et la **fermeté** dans nos résolutions ; l'**intrépidité ; le respect de la vérité.** »

« **L'égoïsme** qui consiste à rapporter tout à soi, exclut toute grandeur d'âme, toute noblesse de sentiments. »

« La dignité personnelle exclut la **cupidité** et l'**avarice** qui sont des formes de l'égoïsme, dont l'effet est de détruire en nous tout sentiment désintéressé. »

« Les meilleurs moyens de conserver intacte notre dignité d'homme sont d'être toujours **tempérants** et de ne pas nous laisser aller à la **colère.** L'intempérance et la colère nous enlèvent, avec la liberté, le discernement du bien et du mal. »

« La dignité personnelle implique le **travail,** par lequel nous mettons en œuvre nos forces physiques et intellectuelles, le travail qui nous procure la paix de l'âme. »

« La dignité personnelle nous fait un devoir d'**honorer le nom que nous portons,** ce nom que nous avons reçu de nos parents, et que nous devons transmettre sans tache à nos enfants »

2° LES DEVOIRS GÉNÉRAUX DE L'HOMME ENVERS LES AUTRES HOMMES

« L'homme a des **devoirs envers les autres hommes.**

» La première société dont nous faisons partie est la **famille.** La famille repose sur le **respect des enfants pour leurs parents,** et l'**amour des parents pour leurs enfants.** L'amour d'un père ou d'une mère inspire les plus grands dévouements. »

L'amitié nous fait former avec d'autres hommes des liaisons qui reposent sur une estime et une affection réciproques. »

« Nous avons envers les autres hommes des devoirs plus généraux qui se résument dans la **justice** et la **charité.**

La **justice** consiste à ne pas faire à autrui ce que nous ne voudrions pas qui nous fût fait à nous-même ; la **charité** consiste à faire à autrui ce que nous voudrions qui nous fût fait ; en son degré le plus élevé, la **charité** est la **fraternité** ; elle nous fait considérer et traiter les autres hommes comme des frères. »

« La justice nous oblige envers les autres, comme elle oblige les autres envers nous. »

« Les devoirs de justice sont nombreux :

« En premier lieu, nous ne devons pas **attenter à la vie des autres hommes.** »

« Nous ne devons pas **porter atteinte à leur propriété.** »

« Nous ne devons jamais porter les armes contre notre patrie, même quand elle nous a traité injustement. »

« Nous devons au contraire mourir pour elle ; tous les peuples ont honoré les citoyens **morts pour la patrie.** »

« Le **drapeau** est l'emblème de la patrie ; nous devons le défendre et ne le livrer jamais. »

TABLE DES MATIÈRES

DISPOSÉES EN VUE DE L'ENSEIGNEMENT DE L'HISTOIRE LITTÉRAIRE

LITTÉRATURE GRECQUE

LITTÉRATURE LATINE

LITTÉRATURE FRANÇAISE

TABLE DES MATIÈRES

DISPOSÉES PAR GENRES LITTÉRAIRES

POÈTES ÉPIQUES

POÈTES LYRIQUES

AUTEURS DRAMATIQUES

POÈTES DIDACTIQUES

TABLE DES MATIÈRES.

TABLE ALPHABÉTIQUE

DES AUTEURS CITÉS DANS CE RECUEIL

SAINT-CLOUD. — IMPRIMERIE Vᵉ EUG. BELIN ET FILS.

www.ingramcontent.com/pod-product-compliance
Ingram Content Group UK Ltd.
Pitfield, Milton Keynes, MK11 3LW, UK
UKHW020156130726
13696UKWH00002B/537